Birgitta Reddig-Korn
Johanna Sänger

Gedichte im Anfangsunterricht

R. Oldenbourg Verlag München

PRÖGEL PRAXIS: UNTERRICHTSMATERIAL 41

Die Deutsche Bibliothek – CIP-Einheitsaufnahme

Reddig-Korn, Birgitta:
Gedichte im Anfangsunterricht / Birgitta Reddig-Korn ;
Johanna Sänger. – 1. Aufl. – München : Oldenbourg, 1996
    (Prögel-Praxis : Unterrichtsmaterial ; 41)
    ISBN 3-486-98713-5
NE: Prögel-Praxis / Unterrichtsmaterial

© 1996 Oldenbourg Schulbuchverlag GmbH, München
www.oldenbourg-bsv.de

1. Auflage 1996 R E

Druck   06   05   04   03

Die letzte Zahl bezeichnet das Jahr des Drucks.

Umschlagkonzeption: Mendell & Oberer, München
Umschlagillustration: Andrea Frick-Schmidt
Lektorat: Stefanie Fischer
Herstellung: Fredi Grosser
Illustrationen: Andrea Frick-Schmidt
Satz, Druck und Bindung: Greipel Offset, Haag i. OB

ISBN 3-486-**98713**-5

Inhaltsverzeichnis

Vorwort

**„Lesen – abschreiben – auswendig lernen…!"
Gedichtalltag in der Schule?**

Wir machen Ihnen 18 Angebote, wie Sie Gedichte in Ihrem Unterricht kindgemäß umsetzen können.

Unseren Stundenbildern schicken wir folgende Anmerkungen voraus:

- Die Gedichtauswahl orientiert sich am Fest- und Jahreskreis.
- Es handelt sich bei unseren Entwürfen nicht um klassische Deutschstunden und nicht um 45-minütige Schulstunden.
- Die einzelnen Stunden mit ihren Phasen, Methoden und Ideen sind auch auf andere Gedichte übertragbar.
- Die Stundenbilder lassen sich zum Teil oder vollständig in einer anderen Klassenstufe umsetzen.
- Einerseits haben wir auf Signale und Ritualbeschreibungen verzichtet, da jede Kollegin und jeder Kollege eigene Regeln hat, andererseits sind immer wieder wortwörtliche Ausführungen eingearbeitet. Diese verstehen Sie bitte nicht als Gängelei, sondern als Orientierungshilfe, die vor allem Neulingen im Bereich Anfangsunterricht Sicherheit geben können.
- In der Regel haben wir umfangreiche Materiallisten für die Gedichtbearbeitungen zusammengestellt. Wir halten dies für gerechtfertigt, da unsere Stunden „Spuren" hinterlassen sollen. Sie dienen der Klassenzimmergestaltung, münden in Klassen- oder Schulausstellungen und lassen sich zu kleinen Vorführungen bzw. Vorträgen aufarbeiten und in Projekttagen integrieren.

- Bei unseren Planungen sind wir zumeist von Modellformen der Klassensitzordnung ausgegangen (z. B. U-Form), die jeweils einen Sitzkreis im Klassenzimmer zulassen.
- Die angegebenen Lernziele beziehen sich auf die fachlich-inhaltliche und die erzieherisch-soziale Ebene.
- Wir sprechen in unseren Entwürfen immer von Lehrerinnen; selbstverständlich implizieren wir damit auch unsere wenigen männlichen Kollegen im Anfangsunterricht.

Die Entwürfe basieren auf Prinzipien, wie sie der Bildungsplan für den Bereich Anfangsunterricht aufführt.

In den Gedichtbearbeitungen werden differenzierte und individuelle Lernangebote vorgeschlagen, die Selbsttätigkeit, soziales Lernen und individuelle Lerngeschwindigkeit erlauben. Auf diese Weise können Sie an die unterschiedlichen Wahrnehmungs-, Handlungs- und Denkmuster Ihrer Kinder anknüpfen. Aktiv sollen die Kinder ihren Lernfortschritt und den gemeinsamen Arbeitsprozess mitgestalten und mitverantworten können.

Gedichtalltag? „Erleben – Experimentieren – sich auf das nächste Gedicht freuen!"

Freude an Gedichten – das ist es, was wir Ihnen und Ihren Kindern wünschen.

Birgitta Reddig-Korn   Johanna Sänger

Der Frühling kommt bald

Christian Morgenstern

Herr Winter,
geh hinter,
der Frühling kommt bald!
Das Eis ist geschwommen,
die Blümlein sind kommen
und grün wird der Wald.

Herr Winter,
geh hinter,
dein Reich ist vorbei.
Die Vögelein alle,
mit jubelndem Schalle,
verkünden den Mai.

in: *H. O. Proskauer (Hrsg.):* Sämtliche Dichtungen. Bd. 1 – 11. Zbinden Verlag. Basel 1971.

Lernziele
Aktivierung der akustischen und kinästhetischen Lernkanäle, Auswendiglernen des Gedichtes durch Bewegung, Spiel und Wiederholung, klanggestaltendes Sprechen, rhythmisch-melodisches und auswendiges Vortragen, Umsetzen des Gedichtes in einen Dialog (Spielszene).

Materialien
Zwei Körbe oder Kisten:
„Winter"-Verkleidung z. B.: weiße Handschuhe, weißer Schal, weißes Tuch, Pelzkragen, Pelzmütze, Krone aus Goldpapier.
„Frühlings"-Verkleidung z. B.: bunte Tücher an einem Band um den Bauch/über Schultern, Strohhut mit Papierblumen, Papier-, Stoffblumen zum Anstecken, Klebeband, AB 1 (als Vorlage für das Tafelbild und als Hausaufgabenblatt).

Unterrichtsverlauf

Einstieg
Informativer Einstieg im Kreis: „Heute geht es um ein Gedicht, das wir als kleines Theaterstück spielen können." Winter- und Frühlingsverkleidung werden getrennt in Kisten in die Kreismitte gestellt. Die Lehrerin informiert die Kinder darüber, dass es in dem Theaterstück nur zwei Rollen gibt. „Die Verkleidung für die erste Theaterrolle ist in der einen, die für die zweite in der anderen Kiste. Ob ihr die Rollen wohl herausfindet?" Als Hilfestellung kann gesagt werden, dass es sich um zwei Gegensätze und zwei Jahreszeiten handelt.

Hinführung zum Inhalt des Gedichtes
Die Lehrerin führt auf das Thema des Gedichtes hin: Streit zwischen den beiden Jahreszeiten. Gemeinsam wird überlegt, wie ein Streit zwischen Frühling und Winter verlaufen könnte.
Zwei Kinder spielen den Streit spontan. Die Klasse trägt daraufhin einen möglichen Streitverlauf zusammen, der von zwei Kindern szenisch umgesetzt wird.

Textbegegnung
„Als ein Dichter den Jahreszeitenwechsel beobachtete, dachte er sich dazu ein Gedicht aus." Die Lehrerin trägt das Gedicht auswendig vor und begleitet es mit Bewegungen. Während ihres Gedichtvortrages stehen zwei Kinder als Winter und Frühling verkleidet in der Kreismitte.

Möglichkeiten

Herr Winter…	= auf den verkleideten Winter zeigen.
Geh hinter…	= den ausgestreckten Arm und Zeigefinger vor den Körper halten, energisch zur Seite fahren und „raus" zeigen.
Das Eis…	= Wellenlinie mit Hand und Arm ausführen.
Die Blumen…	= beide Handflächen vertikal locker vor der Brust gegeneinander, die Hände entfalten sich wie Blütenblätter.
Und grün…	= beide Arme zu einem Bogen über den Kopf führen.
Herr Winter…	= s. o.
Geh hinter…	= s. o.
Dein Reich…	= Krone abnehmen, eventuell setzt sich der Frühling die Krone selbst auf.
Die Vögelein…	= mit beiden Händen durch die Luft „flattern".
Verkünden…	= in die Hocke gehen.
Mai…	= mit nach oben gestreckten Armen hochspringen.

Texterarbeitung
Die Tafel wird aufgeklappt (als Tafelbildvorlage siehe AB 1). Die Lehrerin verteilt die Kleider aus der Kreismitte an einzelne Kinder der Klasse, die sie den Tafelpersonen zuordnen und über die jeweilige Tafelhälfte hängen. Danach werden die beiden Figurenskizzen „Frühling" und „Winter" an der Tafel „angezogen", d. h. einige Kinder malen ihnen passende Kleider.
Anschließend stellen zwei Kinder den Jahreszeitenwechsel szenisch dar, während die Lehrerin das Gedicht mit Bewegungen vorträgt und den Rest der Klasse zum Mitmachen auffordert. Dieser Vortrag wird mehrfach mit wechselnden Rollen wiederholt.
Später diktieren die Kinder der Lehrerin den Text des Gedichtes, den sie an die Tafel schreibt. Dabei können die Wörter „Blümlein", „Wald" und „Vögelein" auch durch einfache Zeichnungen ersetzt werden (siehe AB 1).

Vertiefung
Die Kinder finden sich paarweise zusammen und üben die Darstellung des Gedichtes mit Bewegungen ein.

Abschluss
Einige Schülerpaare spielen ihre Ausgestaltung des Gedichtes vor. Die ganze Klasse spricht den Text mit.

Anmerkung:
AB 1 dient als Anregung für das Tafelbild und kann auch als Hausaufgabenblatt verwendet werden. Aufgabe für die Kinder ist dann, passende Kleidungsstücke für „Frühling" und „Winter" zu malen. Weiterhin können an dem Text je nach Leistungsstand der Kinder Schreibübungen durchgeführt werden.

Vorlage für Tafelbild und Hausaufgabenblatt

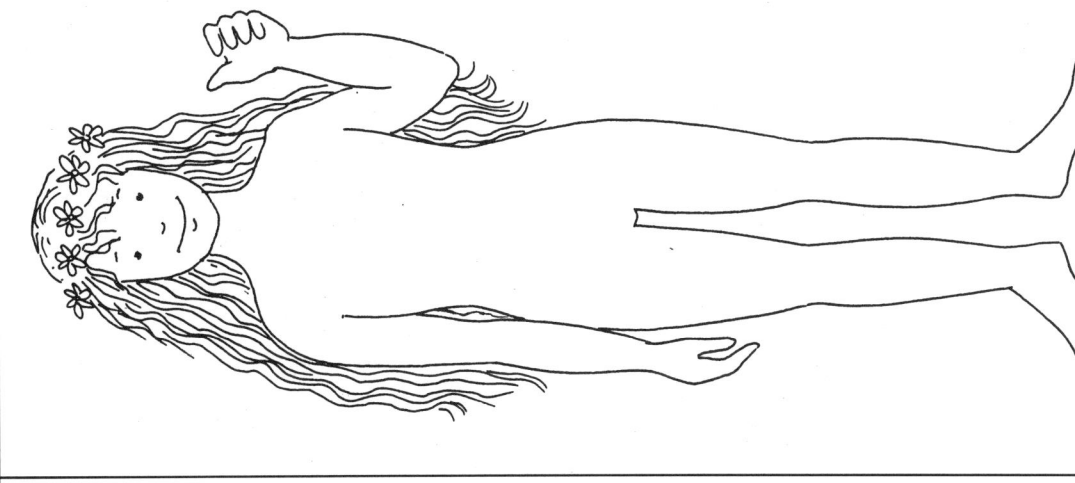

... und Frau Frühling

DER FRÜHLING KOMMT BALD

HERR WINTER,

GEH HINTER,

DER FRÜHLING KOMMT BALD!

DAS EIS IST GESCHWOMMEN,

DIE ❀❀❀ SIND KOMMEN

UND GRÜN WIRD DER 🌳

HERR WINTER,

GEH HINTER,

DEIN REICH IST VORBEI.

DIE 🐑🐐🐖 ALLE,

MIT JUBELNDEM SCHALLE,

VERKÜNDEN DEN MAI.

Male passende Kleider
für Herrn Winter ...

Das Veilchen
Heinz Kahlau

Erst kommt der Star zurück, ein Weilchen
danach kommt auch das blaue Veilchen.
Es blüht versteckt.
Wer es entdeckt,
den hat der Frühling aufgeweckt.

Lernziele
Gedichtpräsentation in einer ganzheitlichen, fächerübergreifenden Frühlingsbegegnung, spielerisches Auswendiglernen des Gedichtes, Nachvollziehen des Frühlingserwachens in der Natur und im Klassenzimmer, Schönschreiben eines Textes.

Materialien
große Blumenschale, Bild von einem Star, kleine Schaufel, jede Gedichtzeile auf einem Satzstreifen (für die Tafel), Wortkarten (ebenfalls für die Tafel) mit Wörtern aus dem Gedicht, Klebeband, Schmuckblatt (AB 2), pro Kind: ein Blumentöpfchen, mindestens ein echtes Veilchen mit Wurzeln und Erde, Erde, kleine Äste, kleiner Vogel aus Pappe oder Stoff.

Unterrichtsverlauf

Das Thema „Frühling" soll als Unterrichtseinheit geplant sein und über einen mehrwöchigen Zeitraum hinweg erlebt werden.

Hinführung zur Unterrichtsstunde:
Stummer Impuls an der Tafel: Wir warten auf den Frühling.
Die Kinder äußern sich spontan: „Ich warte auf … ." „Ich freue mich auf … ." Die Lehrerin fragt nun jeden Morgen: „Wer hat schon Frühjahrsboten entdeckt?" Alle Entdeckungen werden dokumentiert. Im Klassenzimmer entsteht ein Wandbild mit der Überschrift: Wir warten auf den Frühling. Vor diesem Wandbild wird ein Ausstellungstisch platziert.

Einstieg
Die Lehrerin stellt eine mit Erde gefüllte Blumenschale in die Kreismitte und trägt das Gedicht auswendig vor. Nach einer kurzen Pause holt sie die Schale zu sich und sagt das Gedicht ein zweites Mal auf. Dem Inhalt des Gedichtes entsprechend steckt sie einen Zweig in die Erde, befestigt einen Vogel darauf und pflanzt ein Veilchen ein.

Auseinandersetzung mit dem Inhalt des Gedichtes
Die Kinder geben das Gedicht aus der Erinnerung heraus wieder. Gemeinsam machen sich die Kinder und die Lehrerin Gedanken über den Inhalt des Gedichtes. Dabei wird das Bild eines Stares gezeigt. Nach dieser Gesprächsphase nimmt die Lehrerin die Veilchenschale zu sich. Impuls: „Ein Veilchen kannst du gut an seinem feinen Duft erkennen." Sie gibt dann die Schale herum oder lässt einzelne Kinder mit verbundenen Augen das Veilchen im Kreis suchen.

Texterarbeitung
Die Schale wird in die Kreismitte zurückgestellt. Noch im Kreis teilt die Lehrerin Gedichtsatzstreifen an einige Kinder aus. Die Kinder gehen zurück auf ihre Plätze. Gemeinsam werden die Satzstreifen gelesen und an der linken inneren Tafelhälfte mit Klebeband zum ursprünglichen Gedicht zusammengesetzt. Die rechte Tafelhälfte ist noch zugeklappt. Zur Kontrolle wird das Gedicht nochmals gelesen. Die linke Tafelhälfte wird zugeklappt, die rechte aufgeklappt. Das Gedicht ist als Lückentext zu sehen. Daneben hängen Wortkarten. Die Kinder finden die fehlenden Wörter und fügen die Wortkarten ein. Dann wird die linke Tafelseite wieder aufgeklappt und beide „Werke" werden miteinander verglichen. Dann teilt die Lehrerin die Klasse den beiden Tafelhälften entsprechend in zwei Hälften ein. Nun sprechen beide Gruppen das Gedicht zeilenweise im Wechsel.
Später wird die Tafel geschlossen und die Kinder versuchen das Gedicht auswendig aufzusagen.

Stillarbeit
Jedes Kind erhält das Schmuckblatt AB 2, schreibt das Gedicht schön ab und gestaltet den Schmuckrand aus.

Abschluss
Da die Kinder unterschiedliche Arbeitstempi haben, fügt sich die Schlussphase individuell an, wenn die Arbeitsblätter fertig gestellt sind.
Jedes Kind erhält einen Blumentopf, in den es Erde, einen Zweig und einen Vogel „einpflanzt". Diese Materialien werden auf einem Tisch bereitgestellt.
Impuls: „Nun fehlt noch das Wichtigste in euren Blumentöpfchen. Haltet heute Mittag oder morgen draußen Ausschau nach Veilchen, grabt sie vorsichtig aus und bringt sie dann mit in die Schule". Die Lehrerin zeigt exemplarisch (siehe Einstieg), wie eine oder mehrere Veilchenpflanzen unbeschädigt mit etwas Erde ausgehoben und eingepflanzt werden.
Blumentöpfe und Gedichte werden auf dem Ausstellungstisch platziert und das Gedicht gemeinsam gesprochen.

Anmerkung: Jedes Kind kann selbst sein Veilchen finden und einpflanzen. Nicht alle Töpfchen sind zur gleichen Zeit gefüllt. Die Kinder erleben so eine Parallele zur Natur.
Liegt die Schule in einem Stadtviertel, so besteht zumindest die Möglichkeit gemeinsam eine Gärtnerei zu besuchen und Veilchen zu kaufen.

Die Tulpe

Josef Guggenmos

Dunkel
war alles und Nacht.
In der Erde tief,
die Zwiebel schlief,
die braune.

Was ist das für ein Gemunkel,
was ist das für ein Geraune,
dachte die Zwiebel,
plötzlich erwacht.
Was singen die Vögel da droben
und jauchzen und toben?

Von Neugier gepackt,
hat die Zwiebel einen langen Hals gemacht
und um sich geblickt,
mit einem hübschen Tulpengesicht.
Da hat ihr der Frühling entgegengelacht.

in: *Josef Guggenmos:* Was denkt die Maus am Donnerstag?
Georg Bitter Verlag. Recklinghausen 1967.

Lernziele
Ganzheitliches und fächerübergreifendes Erfahren des Gedichtes, Nachvollziehen des Inhalts mit dem Körper, Verklanglichung durch Auswahl passender Instrumente, Auswendiglernen des Gedichtes.

Materialien
3 mit je einer Gedichtstrophe beschriftete DIN-A2- Plakate, 3 Blumentöpfchen mit Zwiebeln in einer jeweils anderen Wachstumsphase (passend zu den Strophen), verschiedene Musikinstrumente: Tamburin, Glockenspiel, Flasche und einen nassen Korken, Triangel, Rassel etc., AB 3, Schere, Klebstoff.

Unterrichtsverlauf

Einstieg
Die Lehrerin stellt die drei Blumentöpfchen auf das Pult. In jedem Topf befindet sich eine Tulpenzwiebel in einer jeweils anderen Wachstumsphase, – passend zum Gedicht. Dann präsentiert sie das Gedicht in drei Teilen:
Sie spricht den ersten Teil auswendig vor und hängt dann das Plakat mit dem jeweiligen Textabschnitt an die Tafel. So verfährt sie mit allen drei Teilen. Anschließend erlesen die Kinder das Gedicht und ordnen die Töpfchen den Plakaten zu.

Texterarbeitung
Erschließung des Inhalts über Bewegung
Die Kinder kommen in den Sitzkreis. Gemeinsam wird überlegt, mit welchen Gesten und Bewegungen dieser Text nachvollzogen werden könnte.
Impuls: „Wir könnten uns in die Tulpenzwiebel hineindenken und das tun, was die Zwiebel tut… ."
Die Ideen der Kinder werden ausprobiert und den Textstellen zugeordnet.

Möglichkeiten
Schlafen: als Päckchen auf dem Boden liegen. *Erwachen:* sich langsam auf die Knie erheben. *Neugier:* ganz aufstehen, die Arme seitlich ausstrecken, umherschauen. *Frühling:* lachen, winken.
Ein Kind liest den Text nochmals vor, die restlichen Kinder spielen dazu. Sicher kann an manchen Stellen schon auswendig mitgesprochen werden.

Erschließung des Inhalts über Verklanglichung
Anschließend holt die Lehrerin verschiedene Instrumente und legt sie in den Kreis.
Impuls: „Ihr könnt das Gedicht noch auf eine andere Art ausgestalten … ."
Die Kinder probieren die einzelnen Instrumente aus und versuchen zu beschreiben, wie sie klingen. Dann werden die Instrumente wieder den entsprechenden Textstellen zugeordnet, die immer korrekt verbalisiert werden.

Zum Abschluss dieser Phase liest ein Kind den gesamten Text. Eine Gruppe Kinder stellt die verschiedenen Phasen der Zwiebel mit ihrem Körper dar und versucht mitzusprechen. Eine zweite Gruppe Kinder verklanglicht den Text mit den angebotenen Instrumenten.
Die Kinder, die den Inhalt durch Bewegungen nachvollziehen, bilden einen Kreis. Die Kinder mit den Instrumenten sitzen in der Kreismitte.
So können alle Schüler gleichzeitig miteinbezogen werden. Dieser Vorgang kann, wenn die Rollen getauscht werden, 2- bis 3-mal wiederholt werden. Nach dieser Sequenz beherrschen die meisten Kinder den Text bereits auswendig.

Stillarbeit
Die Kinder gehen auf ihre Plätze zurück. Die Lehrerin teilt Arbeitsblätter (AB 3) aus, auf denen das Gedicht in der falschen Reihenfolge abgedruckt ist.
Arbeitsauftrag: „Lies das Gedicht leise durch. Du merkst sicherlich, dass mit dem Gedicht etwas nicht stimmt." Die Lehrerin wartet auf Schüleräußerungen.
„Schneide die Streifen aus und klebe sie in der richtigen Reihenfolge in dein Heft."

Abschluss
Die Kinder kommen zum Abschluss in den Kreis. Gemeinsam wird das Gedicht nochmals gespielt.

Anmerkung: Als Hausaufgabe können die Wachstumsphasen der Tulpe neben das geordnete Gedicht gemalt werden.
Es können Tulpen gebastelt werden.
Es kann sich ein Unterrichtsgang in eine Gärtnerei anschließen.
Die Klasse könnte auf „Schultournee" gehen und das Gedicht anderen Klassen vorspielen. Vielleicht können auch andere Klassen ins Klassenzimmer eingeladen werden? Zu diesem Zweck können die Kinder Einladungen formulieren und schön schreiben.

die braune.
Was ist das für ein Gemunkel,

was ist das für ein Geraune,
dachte die Zwiebel,

„Die Tulpe" von Josef Guggenmos

mit einem hübschen Tulpengesicht.
Da hat ihr der Frühling entgegengelacht.

plötzlich erwacht.
Was singen die Vögel da droben

und jauchzen und toben?
Von Neugier gepackt,

In der Erde tief,
die Zwiebel schlief,

hat die Zwiebel einen langen Hals gemacht
und um sich geblickt,

Dunkel
war alles und Nacht.

Die Schaukel
Heinrich Seidel

Wie schön sich zu wiegen,
die Luft zu durchfliegen
am blühenden Baum!
Bald vorwärts hinüber,
bald rückwärts herüber,
es ist wie ein Traum!

Die Ohren, sie brausen,
die Haare, sie sausen
und wehen hintan!
Ich schwebe und steige
bis hoch in die Zweige
des Baumes hinan.

Wie Vögel sich wiegen,
sich schwingen und fliegen
im luftigen Hauch:
bald hin und bald wieder,
hinauf und hernieder,
so fliege ich auch!

in: *Heinrich Seidel: Gesammelte Schriften. Bd. 11: Neues Glockenspiel. Liebeskind Verlag. Leipzig 1894.*

Lernziele
Ganzheitliche, meditative Begegnung mit dem Gedicht, Umsetzung und Umwandlung der Gedichtmelodie und Gedichtrhythmik in Körperbewegung, Erarbeitung von Reimpaaren, durch Bewegung gestütztes Auswendiglernen des Gedichtes.

Materialien
Kassette mit zum Gedicht passender Musik, z. B.: Vivaldi: Die vier Jahreszeiten, Kassettenrekorder, blühender Apfelbaumzweig, AB 4, pro Reimwort eine Wortkarte, Gedicht auf DIN-A2-Plakat geschrieben.

Unterrichtsverlauf

Einstieg
Die Kinder sammeln sich, indem sie Kopf und Arme auf den Tisch legen. „Es gibt jetzt eine kurze, schöne Musik. Wir wollen zuhören und uns von der Musik einstimmen lassen."
Während der Musik geht die Lehrerin mit Ruhe an jedem Kind vorbei und lässt es an den Blüten eines Apfelbaumzweiges riechen. Sie erwähnt einen großen, alten Apfelbaum und sagt, dass sie von diesem Baum außer den Blütenzweigen noch etwas mitgebracht hat.

Textbegegnung
Das „Mitbringsel" ist das Gedicht, das die Lehrerin vorträgt. Nach einem kurzen „Nachhorchen" äußern sich die Kinder. Die Lehrerin führt zur Überschrift „Die Schaukel" hin und lässt die Kinder von eigenen „Schaukelerlebnissen" erzählen.

Sprachliche Erarbeitung
Danach versammelt sich die Klasse im Kreis um den blühenden Zweig und versucht das Gedicht schon ein bisschen auswendig zu sprechen.
Auftrag: „Wir hören auf die erste Strophe unseres Gedichtes von der Schaukel. Wir hören nochmal, wie die Wörter schwingen und schwingen die Arme mit."
Im ersten Durchgang wird das Schwingen ohne Sprechen geübt. Die Kinder halten sich dabei an den Händen.
Anschließend werden die Strophen von der Lehrerin und den Kindern langsam und wiederholend gesprochen und geschwungen.
Dann hält die Lehrerin das AB 4 hoch und fragt nach, was den Kindern an den Wörtern, die im Apfelbaum hängen, auffällt. Die Kinder finden heraus, dass jeweils ein Reimwort fehlt und Reimpaare gebildet werden sollen.
Die Kinder nehmen je ein AB 4 mit an ihren Platz und lesen dort die Apfelbaumwörter (4.1). An der Tafel erscheinen die Apfelbaumwörter (Wortkarten) ebenfalls. Sobald ein Kind das fehlende Reimwort nennt, erhält es von der Lehrerin das Wort als Wortkarte und fügt das Reimpaar an der Tafel zusammen. Gleichzeitig tragen die anderen Kinder das Wort in ihrem Arbeitsblatt ein (4.1). Die Begriffe „Reimwort" und „Reimpaar" sollten von den Kindern oder der Lehrerin genannt werden.
Im Anschluss daran werden die Reimpaare an der Tafel gemeinsam gesprochen. Die Klasse wird dazu in zwei Hälften geteilt.
Auftrag: Die „Fenstergruppe" spricht das erste Reimwort und die „Wandgruppe" antwortet mit dem zweiten Reimwort.
Dazu wird im Stehen mit den Armen geschwungen. Während die Kinder sprechen und schwingen, dirigiert die Lehrerin mit.

Stillarbeit
Der nächste Arbeitsschritt (4.2), das Eintragen der Reimwörter in den Lückentext, wird von der Lehrerin erklärt. Die Kinder können als Hilfestellung das ausliegende Gedichtplakat benutzen.

Abschluss
Am Ende der Stunde erklingt noch einmal die Musik. Dabei werden drei gute Lesekinder ausgewählt, die je eine Strophe vorlesen.

Die Schaukel
Heinrich Seidel

Wie schön sich sich zu ————,
die Luft zu durch ————;
am blühenden ————
Bald vorwärts ————,
bald rückwärts ————,
es ist wie ein ————.

Die Ohren, sie ————,
die Haare, sie ————
und wehen ————.
Ich schwebe und ————
bis hoch in die ————
des Baumes ————.

Wie Vögel sich ————,
sich schwingen und ————;
im luftigen ————:
bald hin und bald ————,
hinauf und her ————,
so fliege ich ————!

wiegen

hinüber

Traum

hintan

brausen

fliegen

Hauch

nieder

steige

Regenschirme
Vera Ferra-Mikura

Wenn die ersten Tropfen fallen,
lustig auf das Pflaster knallen,
blühen sie wie Blumen auf.
Bunt gestreifte, bunt gefleckte,
bunt getupfte, bunt gescheckte
nehmen fröhlich ihren Lauf.

Seit die ersten Tropfen fielen,
schweben sie auf langen Stielen,
leuchtend, schimmernd, rund und glatt.
Bunt gestreifte, bunt gefleckte,
bunt getupfte, bunt gescheckte
Schirme blühen in der Stadt.

in: *Hans-Joachim Gelberg (Hrsg):* Die Stadt der Kinder.
Georg Bitter Verlag. Recklinghausen 1969.

Lernziele
Sinnentnehmendes Lesen, Erkennen von Reimpaaren, Schulung
der akustischen Wahrnehmung, Umsetzung von Text und Melodie
in Bewegung.

Materialien
Tageslichtprojektor, verschiedene Schirme, ausgeschnittene Regen-
tropfen und Schirme als „Wortkarten" für die Reimwörter an der
Tafel (siehe AB 5), Klebestreifen oder Magnete, AB 5, Kassetten-
rekorder, Musikkassette „Die Nadel sagt zum Luftballon". Domino
Verlag, Günther Brinek GmbH, München. Best.-Nr. 15010.

Unterrichtsverlauf
Diese Stunde ist für einen Regentag geplant.

Einstieg
Die Lehrerin präsentiert am Tageslichtprojektor die
ersten drei Zeilen des Gedichts als Rätsel. Die Kinder,
die im Halbkreis sitzen, versuchen das Rätsel zu lösen.
Als Impuls stellt die Lehrerin einen Schirm in die
Mitte. Einige Kinder holen eigene Schirme dazu.
Gemeinsam werden die Schirme verglichen und
Regensituationen besprochen. 2 – 3 Schirme bleiben
in der Kreismitte, die anderen werden beiseite gestellt.

Hinführung zum Gedicht
Impuls: „Das Rätsel war der Anfang eines Gedichtes… ."
Die Lehrerin deckt den restlichen Text am Projektor
auf und trägt ihn vor. Die Kinder lesen den Text mehr-
mals. 2 – 3 Kinder versuchen dazu, in der zweiten Lese-
runde die passenden Bewegungen mit einem der
Schirme in der Kreismitte nachzuvollziehen. Anschließend wird der Projektor ausgeschaltet, die restlichen Schirme beiseite gestellt. Die Kinder gehen
zurück auf ihre Plätze.

Intensive Auseinandersetzung mit dem Text
Stummer Impuls: Die Lehrerin klappt den rechten
Tafelflügel auf. Auf der Innenseite werden die Reim-
wörter des Gedichtes ungeordnet sichtbar. Je ein Wort

des Paares steht in einem Regenschirm, das andere in
einem Regentropfen.
Die Schüler lesen die Wörter, kommen nach vorne an
die Tafel und ordnen immer einem Regenschirm einen
Regentropfen zu. Nach dieser Zuordnungsübung
klappt die Lehrerin den linken Tafelflügel auf.
Das Gedicht wird als Lückentext sichtbar, der von den
Schülern einmal gelesen wird. Anschließend werden
die passenden Schirme und Tropfen mit Klebestreifen
in die Lücken geklebt.
Dabei kann kurz auf den verschränkten Reim einge-
gangen werden. Anschließend wird die Tafel wieder
zugeklappt.

Stillarbeit
Die Kinder erhalten das AB 5. Auf diesem können sie
den Arbeitsgang an der Tafel noch einmal nachvollziehen, indem sie die Reimwörter einsetzen. Falls
Schüler beim Ausfüllen des Lückentextes unsicher
sind, können sie sich selbständig an der Tafelinnen-
seite kontrollieren.

Umsetzung der Vertonung
Die Lehrerin leitet zur Vertonung über, indem sie die
Kinder darauf hinweist, dass es dieses Gedicht auch
als Lied gibt. Das Lied wird dann von der Kassette
abgespielt. Die Kinder hören zu und „überprüfen", ob
der Liedtext mit dem auf ihrem Arbeitsblatt überein-
stimmt. Da dies eine relativ schwierige Übung ist, wird
das Lied zuerst einmal vollständig und dann in kurzen
Sequenzen vorgespielt.
Anschließend kommen die Kinder in den Stehkreis
und überlegen sich eine Tanzform zum Lied. Dabei
wird der Text nochmals Zeile für Zeile gelesen.
Mögliche Tanzform
Aufstellung: Die Kinder bilden einen großen Kreis,
drei Kinder einen Innenkreis.
Bewegungen: Die Kinder im Innenkreis haben je
einen aufgespannten Schirm in der Hand, den sie
während des gesamten Tanzes auf der Stelle drehen.
Die Kinder im Außenkreis versuchen, den Inhalt des
Liedes in Klang und Bewegung umzusetzen.

Beispiel:
Fallen: Mit den Fingern auf den Boden klopfen.
Knallen: Mit der flachen Hand auf den Boden klat-
schen. Aufblühen: Aufstehen, mit den Armen die
Bewegung nachvollziehen. Bunt gestreift: Im Rhyth-
mus klatschen und im Kreis herum hüpfen.

Abschluss
Das Lied wird nochmals eingespielt. Alle singen und
tanzen mit.

Anmerkung: Schirme und Regentropfen werden
zusätzlich gemalt und ausgeschnitten; damit kann
dann das Klassenzimmerfenster geschmückt werden.

Regenschirme

Wenn die ersten Tropfen fallen,

lustig auf das Pflaster . . . . ,

blühen sie wie Blumen . . . . .

Bunt gestreifte, bunt . . . . ,

bunt getupfte, bunt . . . .

nehmen fröhlich ihren . . . . . .

Seit die ersten Tropfen . . . . . . ,

schweben sie auf langen . . . . ,

leuchtend, schimmernd, rund und . . . .

Bunt gestreifte, bunt . . . .

bunt getupfte, bunt . . . .

Schirme blühen in der Stadt.

knallen	gescheckte	auf
gefleckte	Stielen	gescheckte
fielen	gefleckte	Lauf
glatt	Zum Erstellen der Wortkarten Regenschirm- und Tropfenvorlage kopieren. Regenschirm und Tropfen ausschneiden und umdrehen, anschließend vergrößern.	

Spatzensalat
Friedrich Hoffmann

Auf dem Kirschbaum Schmiroschmatzki
saß ein Spatz mit seinem Schatzki,
spuckt die Kerne klipokleini
auf die Wäsche an der Leini.
Schrie die Bäurin Bulowatzki:
„Fort, ihr Tiroteufelsbratzki!"
Schrie der Bauer Wirowenski:
„Wo sind meine Kirschokenski?
Fladarupfki! Halsumdratski!
Hol der Henker alle Spatzki!"

in: *Hans-Joachim Gelberg (Hrsg.):* Überall und neben Dir.
Beltz Verlag. Weinheim und Basel 1989.

Lernziele
Entwicklung und Förderung der Lesemotivation, Erweiterung und
Differenzierung der akustischen, artikulatorischen und optischen
Wahrnehmung, sinnentnehmendes und selbständiges Lesen, Umge-
staltung des Textes, differenzierte und individuelle Förderung beim
Lesen, Entwicklung und Förderung der Bereitschaft zum freien
Schreiben.

Materialien für einen Lernzirkel mit zehn Stationen
1. Station: Kassette, Kassettenrekorder und Kopfhörer. Auf der
   Kassette befindet sich das Gedicht, von der Lehrerin
   und einem männlichen Sprecher mit verteilten Rollen
   gelesen. Schön wäre eine Untermalung mit Geräuschen (Vogelgezwitscher, Geschmatze und Kirschkerne spucken).
2. Station: Die vier Zeichnungen (als Vorlage siehe AB 6) in ungeordneter Reihenfolge.
3. Station: AB 6 mit den vier Zeichnungen und leeren Sprechblasen. Gedicht verkleinern und mit Klebeband auf jeden
   Schülerplatz kleben.
4. Station: Silbenpuzzle: Zehn Wörter auf Wortkarten (bevorzugt
   die Fantasiewörter des Gedichtes), Wortkarten zerschneiden: Bsp. Schmiroschmatzki
5. Station: Mit dem verkleinerten Gedicht von Station 3 wird am
   Platz gearbeitet.
6. Station: Schmuckblatt mit Erstklasslineatur und Rand.
7. Station: Zeilenpuzzle: Jede Zeile des Gedichtes ist auf einen
   separaten Papierstreifen geschrieben.
8. Station: Schülerhefte.
9. Station: Leerkassette, Kassettenrekorder, Mikrofon.
10. Station: Weiße Blätter.
Außerdem: Nummerierte Stationsschilder, Laufkarten (siehe
   Zeichnung), Stempel, Stempelkissen.

Unterrichtsverlauf

Einstieg
Stummer Impuls: Die Kinder hören auf einer Kassette
Vogelgezwitscher, Geschmatze und Kirschkerne
spucken. Kurze Pause. Die Kinder äußern Vermutungen. Danach wird die Kassette weitergespielt; sie
hören die Bäuerin und den Bauern in wörtlicher Rede
(siehe Gedicht) und verteilten Rollen.

Hinführung zum Inhalt des Gedichtes
Die Kinder lernen die Handlung des Gedichtes durch
die vier Bilder kennen, die in ungeordneter Reihenfolge an der Tafel präsentiert werden.(Als Vorlage
siehe AB 6). Die Bilder werden gemeinsam in eine
geordnete Reihenfolge gebracht und die Geschichte
erzählt.

Textbegegnung
Nun hören die Kinder das gesamte Gedicht auf der
Kassette an.

Auseinandersetzung mit dem Text
Lernzirkel mit zehn Stationen, die im ganzen Klassenzimmer verteilt sind. Die Kinder arbeiten selbständig und stempeln auf ihrer Laufkarte die bearbei-
teten Stationen ab.
1. Station: „Höre dir das Gedicht nochmals genau
   an."
2. Station: „Ordne die Bilder in der richtigen Reihenfolge. Kontrolliere an der Tafel."
3. Station: „Beschrifte die Sprechblasen auf deinem
   Arbeitblatt. Orientiere dich an den Bil-
   dern."
4. Station: „Setze Wörter richtig zusammen. Fünf
   Wörter sind dein Ziel."
5. Station: „Findest du die Reimpaare? Arbeite auf
   deinem Blatt am Platz. Unterstreiche
   alle Wörter, die mit *-ski* und *-zki* enden.
   Kreise die Silben *-ski* und *-zki* ein."
6. Station: „Schreibe das Gedicht in deiner schön-
   sten Schrift ab und verziere den Rand."
7. Station: „Kannst du das Gedicht wieder zusam-
   menbauen? Achte auf die Reimwörter
   am Ende der Zeile."
8. Station: „Male die Spatzengeschichte in dein
   Heft."
9. Station: „Lies das Gedicht laut und nimm deinen
   Vortrag auf Kassette auf."
10. Station: „Schreibe deinen eigenen Spatzensalat.
   Denke dir DEIN Gedicht aus. Du kannst
   auch ein Gedicht schreiben, das Bären-
   salat oder Drachensalat heißt."

Abschluss
Am Ende berichten die Kinder über ihre Erfahrungen
beim Stationenlernen.

Laufkarte

SPATZENSALAT
Name: Datum:
1. Station: _____
2. Station: _____
3. Station: _____
4. Station: _____
5. Station: _____
6. Station: _____
7. Station: _____
8. Station: _____
9. Station: _____
10. Station: _____

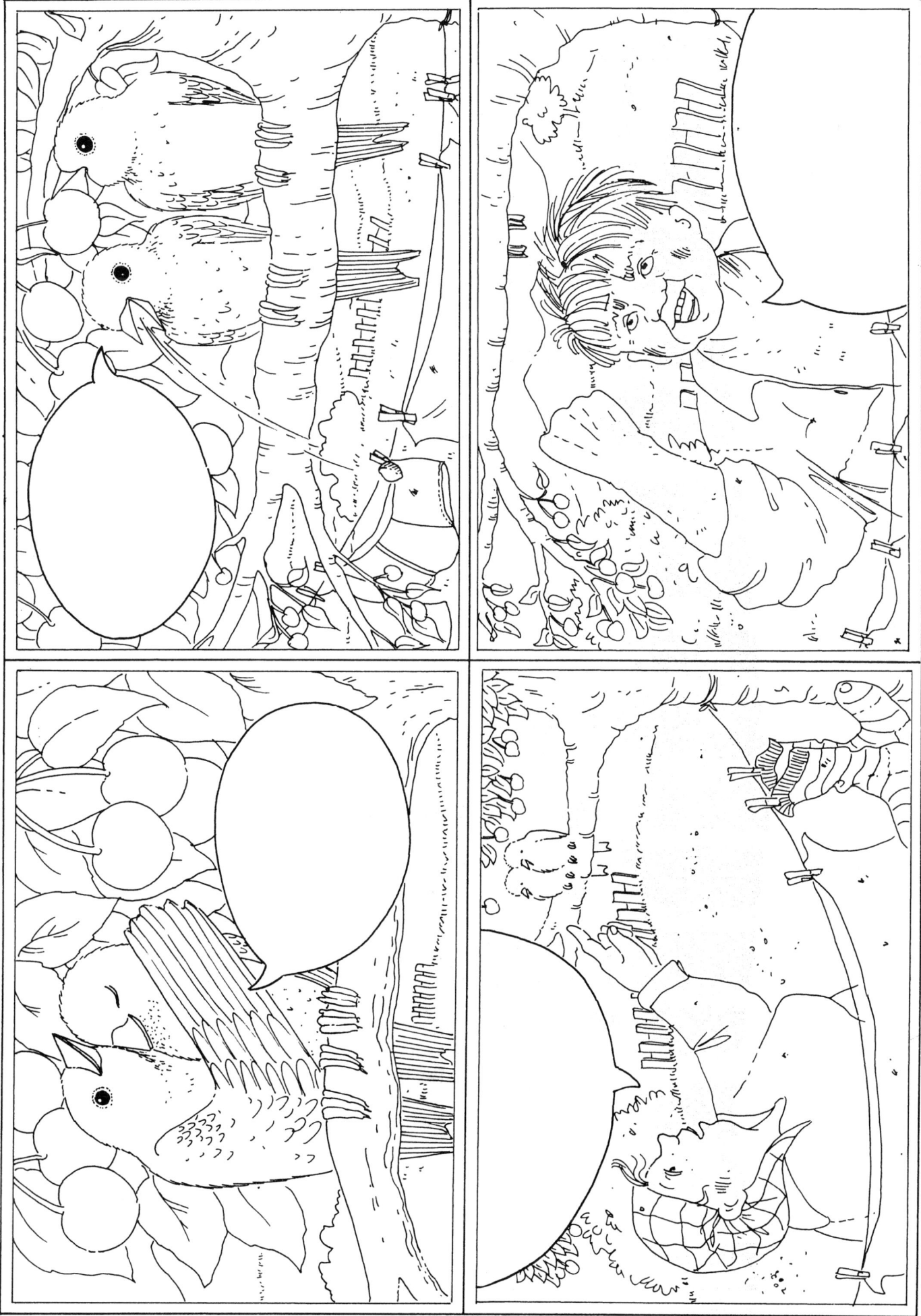

Sommer
Ilse Kleeberger

Weißt du, wie der Sommer riecht?
Nach Birnen und nach Nelken,
nach Äpfeln und Vergissmeinnicht,
die in der Sonne welken,
nach heißem Sand und kühlem See
und nassen Badehosen,
nach Wasserball und Sonnencrem,
nach Straßenstaub und Rosen.

Weißt du, wie der Sommer schmeckt?
Nach gelben Aprikosen
und Walderdbeeren, halb versteckt
zwischen Gras und Moosen,
nach Himbeereis, Vanilleeis
und Eis aus Schokolade,
nach Sauerklee vom Wiesenrand
und Brauselimonade.

Weißt du, wie der Sommer klingt?
Nach einer Flötenweise,
die durch die Mittagsstille dringt,
ein Vogel zwitschert leise,
dumpf fällt ein Apfel in das Gras,
ein Wind rauscht in den Bäumen,
ein Kind lacht hell, dann schweigt es schnell
und möchte lieber träumen.

in: *Hans-Joachim Gelberg (Hrsg.):* Die Stadt der Kinder. dtv.
2. Auflage. Recklinghausen 1982.

Lernziele
Ganzheitliches Erleben und Nachvollziehen des Gedichtes mithilfe eines meditativen und akustischen Einstiegs, Differenzierung der Sinne und Bewusstmachung, dass wir mit allen unseren Sinnesorganen wahrnehmen, Aktivierung von Kreativität und Eigenproduktivität, Zusammenfügen der individuellen Arbeitsergebnisse zu einem Gemeinschaftswerk, manuelles Umsetzen und Begreifbarmachen der Strophen.

Materialien
Meditative Musik (oder Instrument), Blütenzweig, Blume, Obst, Wortkarte: Sommer, Bildkarten (Vorlage siehe AB 7), für jedes Kind ein Gedichtblatt, Bastelmaterial (Gewürze, Kräuter, Rosenblätter, Moos, Watte, Gras, evtl. Zigarrenkiste, Haushaltsgummis …), Pappe, Klebstoff, leere Blätter.

Unterrichtsverlauf

Einstieg
Die Kinder legen ihren Kopf mit geschlossenen Augen auf die verschränkten Unterarme. So können sie ruhig werden, sich sammeln und der Musik zuhören, die eingeschaltet wurde. Alternativ dazu kann die Lehrerin eine Melodie auf einer Flöte spielen. Die Lehrerin spricht leise in die Stille hinein: „Den Sommer können wir hören."
Nach einer kleinen Pause geht sie mit einem blühenden Zweig oder duftendem Obst oder einer wohlriechenden Blume an jedem Kind vorbei.

Sie sagt dazu: „Den Sommer können wir riechen."
Nach einer weiteren kleinen Pause gibt sie jedem Kind zum Beispiel eine Erdbeere zum Essen. „Den Sommer können wir schmecken."

Hinführung zum Inhalt des Gedichtes
Stummer Impuls: Die Lehrerin hängt die drei Bildkarten (siehe AB 7) an die Tafel. Die Kinder erinnern sich an die drei gesprochenen „Sommersätze" aus der Einstiegsphase und stellen eine Verbindung zwischen den Sätzen und den Bildkarten her. Die Tunwörter RIECHEN, SCHMECKEN, HÖREN bzw. KLINGEN (AB 7) werden den Bildkarten an der Tafel zugeordnet. Nun werden die Gegenstände aus der Einstiegsphase unter die entsprechenden Bildkarten geschrieben. Parallel dazu werden diese Gegenstände auf dem Ausstellungstisch ausgestellt. Für das „Klingen" kann das Instrument oder die Musikkassette im funktionsbereiten Rekorder ausgestellt werden. Die drei Bildkarten werden dann von der Tafel abgenommen und auf dem Ausstellungstisch zugeordnet.
Die SOMMER-Wortkarte ist an der Klassenzimmerwand oder auf dem Tisch zu sehen.

Textbegegnung
Zu der aus der Einstiegsphase bekannten Musik trägt die Lehrerin das Gedicht lautmalerisch vor.
Danach wird das Gedichtblatt zum gemeinsamen Lesen an jedes Kind verteilt. Es kommt die Frage nach „Lieblingsstrophen" auf.

Vertiefung
Die Kinder basteln ihrer Lieblingsstrophe entsprechend ein Riechbild (Gewürze, Kräuter, Rosenblätter) oder Fühlbild (Naturmaterialien) oder ein Klangobjekt (z. B. Haushaltsgummis über leere Zigarrenkiste spannen).
Ein Basteltisch steht mit verschiedenen Materialien für die Kinder bereit. Die entsprechende Strophe wird auf ein Blatt abgeschrieben und zu dem gestalteten Bild geklebt bzw. neben das selbst gebastelte Instrument gelegt.

Abschluss
Am Ende zeigen die Kinder ihre Ergebnisse im Kreis und stellen sie danach aus. Aus den individuell gestalteten Strophen entsteht wieder das vollständige Gedicht, das noch einmal gemeinsam gelesen wird.

Anmerkung: Das Gedicht könnte noch um zwei Strophen erweitert werden. Gemeinsam ließe sich überlegen: „Weißt du, wie der Sommer aussieht?" und „Weißt du, wie sich der Sommer anfühlt?" Die Augen und der Tastsinn (symbolisiert durch Hände) werden hier angesprochen.

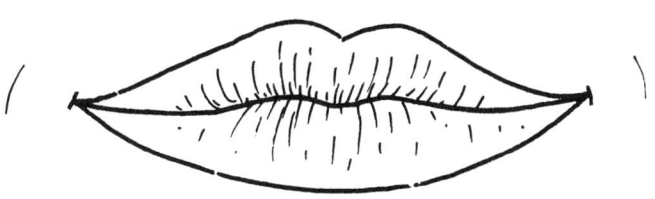

schmecken

riechen

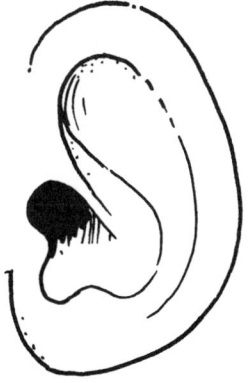

hören/klingen

Urlaubsreise
Rudolf Otto Wiemer

Herr Ameis sprach zur Ameisin:
„Wo fahren wir im Urlaub hin?"

Frau Ameisin zum Ameis sprach:
„Ich denk, da denken wir mal nach."

Herr Ameis meinte seinerseits:
„Wie wäre es denn mit der Schweiz?"

Dann schlug er vor: Ecuador,
Kalkutta, Kairo, Ratibor,

Belutschistan, Südafrika,
Peru, New York und Kanada –

worauf Frau Ameisin entschied:
„Genug, wir bleiben in Neuwied."

(Da wohnten sie schon lange Zeit),
„denn alles andre war zu weit."

in: *Hans Joachim Gelberg (Hrsg.):* Überall und neben Dir.
Beltz Verlag. Weinheim und Basel 1989.

Lernziele
Inhaltliche Auseinandersetzung mit dem Text, Versuch eines Perspektivenwechsels, Eigenproduktivität, spielerischer Umgang mit den Versen, durch selbständiges Variieren des Gedichtendes entdecken, dass ein Dichter unendlich viele Möglichkeiten hat sein Gedicht zu gestalten.

Materialien
Urlaubskarten der Kinder und der Lehrerin, Gedicht ohne die beiden letzten Verse als Gedichtblatt für jedes Kind (AB 8.1.), verschiedene Gedichtenden für jedes Kind (AB 8.2.), lebende Ameisen im Glas, „Ameisenpostkarte" für jedes Kind (siehe Zeichnung), Briefkasten (Waschtrommel mit gelbem Papier und Posthorn bekleben, siehe Zeichnung).

Unterrichtsverlauf

Einstieg
Die Kinder bringen Urlaubskarten mit. Gemeinsam wird im Kreis über die Ferien erzählt.

Hinführung zum Inhalt des Gedichtes
Impuls: „Stellt euch vor, Ameisen wollen auch in den Urlaub fahren…". Die Lehrerin zeigt ein Glas mit zwei lebenden Ameisen hoch und leitet direkt zum Spiel über:
„Herr Ameis sprach zur Ameisin: Wo fahren wir im Urlaub hin? Nach China" (In Anlehnung an „Ich packe meinen Koffer" werden Urlaubsziele aneinander gereiht.)

Textbegegnung
Die Kinder gehen zurück an ihre Plätze. Das Tafelbild wird präsentiert (Vorlage siehe nächste Seite).
„Könnt ihr euch vorstellen, wie die Unterhaltung weitergeht?" Die Kinder äußern sich und erhalten dann einen Auszug des Gedichtes (AB 8.1). Gemeinsam wird das Gedichtblatt gelesen.

Auseinandersetzung mit dem Text
Die Lehrerin weist darauf hin, dass das Gedicht noch nicht vollständig bekannt ist. Eigene Ideen zum Schluss des Gedichtes werden zusammengetragen. Später bietet die Lehrerin ein Arbeitsblatt (AB 8.2) an, auf dem die Verse 6 und 7 in drei Varianten abgedruckt sind. Gemeinsam werden die Varianten gelesen. Jedes Kind entscheidet individuell, welche Variante es für das Gedicht als Schlussteil passend findet. Diese Variante wird ausgeschnitten und auf das Gedichtblatt geklebt.
Daran anschließend wird das Originalgedicht vollständig an der Tafel gezeigt.

Vertiefung
Die Kinder versammeln sich um das Ameisenglas in der Kreismitte. Miteinander wird versucht sich in die Ameisenperspektive hineinzuversetzen. Impuls: „Stellt euch vor, wie es einer Ameise ergeht, wenn sie in Urlaub fährt."
Danach erhält jedes Kind eine Ameisenpostkarte (siehe Zeichnung).
Arbeitsauftrag: „Schreibe eine Karte, die Herr und Frau Ameis aus dem Urlaub schicken."

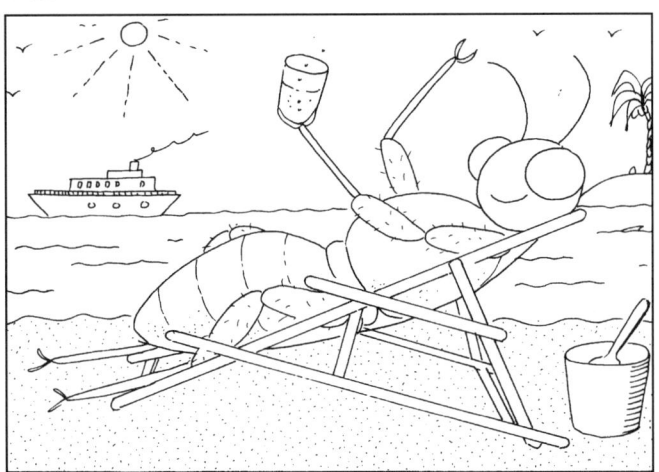

Abschluss
Die Karten werden in den großen Briefkasten (siehe Zeichnung) im Klassenzimmer geworfen. Zwei Briefträgerkinder verteilen die Post, die von den Kindern dann gelesen wird.

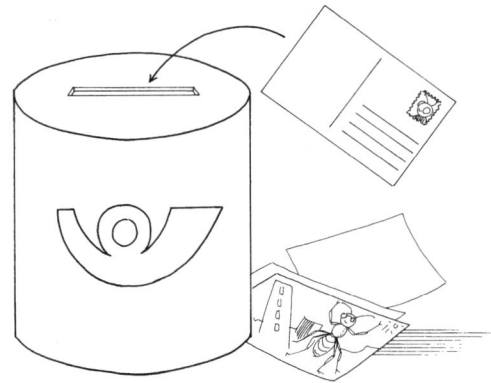

Anmerkung: Als Differenzierung können die Kinder ihre selbst erdachten Gedichtenden aufschreiben und der „Urlaubsreise" anfügen.

Urlaubsreise

Rudolf Otto Wiemer

Herr Ameis sprach zur Ameisin:
„Wo fahren wir im Urlaub hin?"

Frau Ameisin zum Ameis sprach:
„Ich denk, da denken wir mal nach."

Herr Ameis meinte seinerseits:
„Wie wäre es denn mit der Schweiz?"

Dann schlug er vor: Ecuador,
Kalkutta, Kairo, Ratibor,

Belutschistan, Südafrika,
Peru, New York und Kanada –

Vers 6   worauf Frau Ameisin entschied:
„Gut, ich geh mit."

Vers 7   Ob sie ankamen?
Keiner wird es je erfahren.

Vers 6   „worauf Frau Ameisin entschied:
„Genug, wir bleiben in Neuwied."

Vers 7   (Da wohnten sie schon lange Zeit),
„denn alles andere war zu weit."

Vers 6   „Wir wollen auch mit verreisen,"
schreien da plötzlich tausend Ameisen.

Vers 7   „Wie machen wir das bloß?"
„Klar, wir fliegen und schon geht's los."

Tafelbild

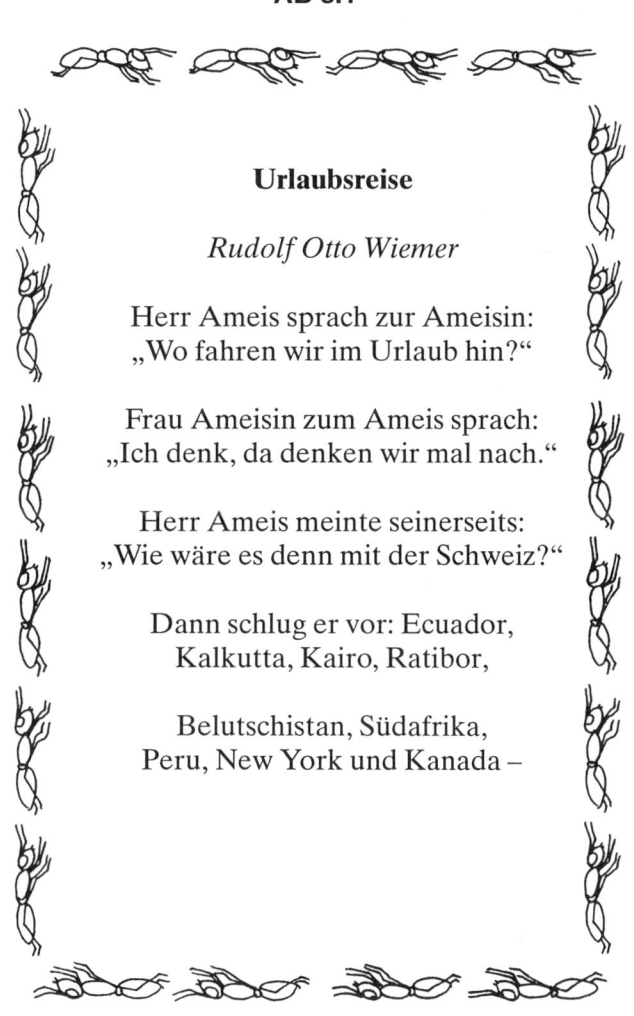
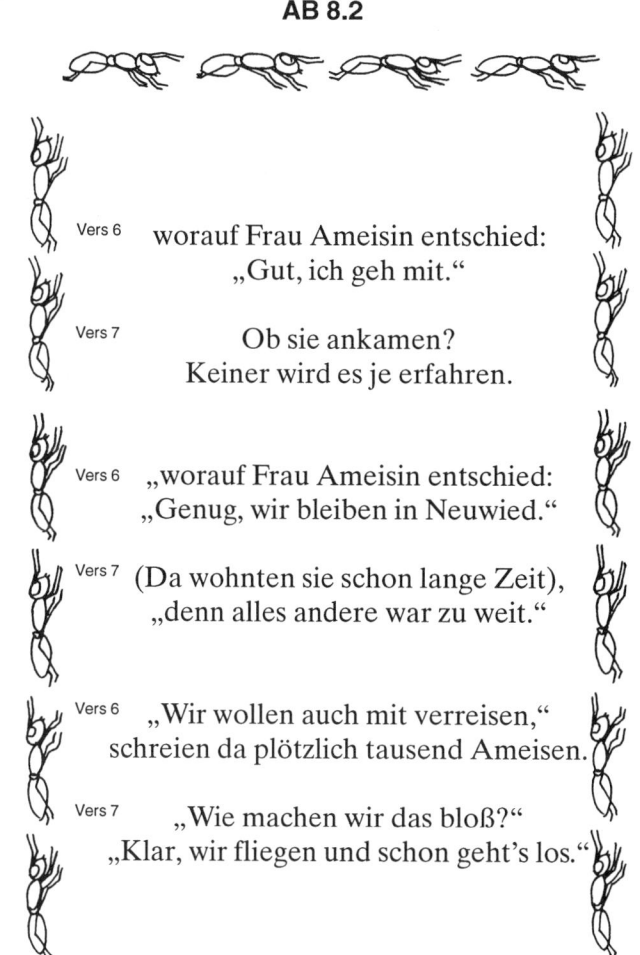

Schwimm, Schwan, schwimm
Josef Guggenmos

Schwan, weiß wie Schnee,
schwimm über den See!
Schwimm, schwimm, Schwan,
schwimm zu uns heran!

Schwan, schwimm, schwimm!
Schwimm, Schwan, schwimm!
Schwimm, schwimm, Schwan!
Da kommt er bei uns an.

in: *Josef Guggenmos:* Wenn Riesen niesen. Gedichte und Geschichten. Überreiter Verlag. Wien 1980.

Lernziele
Ganzheitliche und fächerübergreifende Begegnung mit dem Gedicht, Umsetzen des Gedichtes in szenisches Spiel, Üben der Artikulation des sch-Lautes, Auswendigsprechen von Teilen des Gedichtes, Verbesserung der Feinmotorik.

Materialien
Musikstück „Aquarium" aus „Karneval der Tiere" von C. Saint-Saens, billigste Malerfolie, einige große Gänsefedern, Satzkarten, verschiedenfarbige Plakate (DIN-A2) mit je einem abgebildeten Schwan (Vorlage siehe AB 9), Farbkärtchen zur Gruppeneinteilung (passend zu den Plakatfarben), Umschläge mit dem zeilenweise zerschnittenen Gedicht (Vorlage siehe AB 9), Klebstoff, Klebeband, verschiedene weiße Materialien: Watte, Eierschalen, Spitze ... .

Unterrichtsverlauf

Einstieg
Stummer Impuls: Die Lehrerin legt zwei lange Bahnen Malerfolie in der Mitte des Klassenzimmers aus. Neben die Folie legt sie die weißen Gänsefedern. Die Kinder äußern sich spontan. Anschließend schaltet die Lehrerin den Kassettenrekorder ein: „Aquarium" erklingt. Impuls: „Die Musik erinnert euch sicher an etwas ... ."
Die Kinder beschreiben nun, was sie hören, und stellen die Verbindung zwischen Musik und Folie (= Wasser) her. Die Folie wird von zwei Kindern wellenförmig über den Köpfen bewegt. Andere Kinder schlüpfen unter die Folie und stellen Fische und Wasserpflanzen dar.
Nach diesem szenischen Spiel wird die Musik ausgeschaltet. Die Kinder setzen sich wieder an ihre Plätze.

Textkonfrontation
Impuls: „Zu dieser Musik gibt es eine Geschichte. Wenn ihr sie lest, wisst ihr sicher, was die Federn darstellen sollen."

Die Lehrerin macht den linken Tafelflügel auf. Die erste Strophe des Gedichts wird sichtbar. Jede Zeile der Strophe ist groß auf einen Papierstreifen geschrieben. Gemeinsam wird der Text erlesen. Die Kinder spielen die Szene nochmals durch, dabei werden die Rollen (Schwan, Fische, Pflanzen, Leser/innen) verteilt.
Daran anschließend wird die zweite Strophe in derselben Weise wie die erste auf der rechten Tafelseite sichtbar. Wieder wird gelesen und gespielt.
Dieser Text ist für Kinder nicht einfach zu lesen. Aus diesem Grund werden in der nächsten Phase nur zwei Zeilen bearbeitet.

Artikulationsübung / Clusterbildung*
Aus jeder Strophe wird eine Zeile entnommen und auf den rechten bzw. linken Tafelinnenflügel gehängt. Die Kinder werden in zwei Gruppen (Türseite und Fensterseite) eingeteilt und versuchen ein Cluster zu bilden, d. h. die Gruppen versuchen beim Lesen ihre Sätze „übereinander zu sprechen." Die Lehrerin erklärt, welche Gruppe welchen Satz spricht. Die Gruppen sprechen ihren Satz einzeln, gemeinsam, laut, leise, schnell, langsam. Zum Abschluss dieser Übung werden die beiden Zeilen nochmals so gesprochen, wie es den Kindern am besten gefällt.

Förderung der Feinmotorik
Die Lehrerin hat Schwanenbilder vorbereitet, die auf verschiedene farbige DIN-A2-Plakate geklebt sind (Vorlage siehe AB 9).
Sie gibt genaue Arbeitsanweisungen, verteilt die Plakate im Klassenzimmer, legt jeweils einen Umschlag mit dem zeilenweise zerschnittenen Gedicht (Vorlage siehe AB 9) dazu und stellt die weißen Bastelmaterialien frei zugänglich bereit.
Jedes Kind erhält anschließend ein Farbkärtchen und sucht sich dann „seinen" farblich passenden Schwan und seine Gruppe. In der Gruppe wird nun das Gedicht zusammengesetzt (Original ist an der Tafel sichtbar), auf das Plakat geklebt und der Schwan mit den verschiedenen weißen Materialien ausgestaltet.

Abschluss
Die Lehrerin schaltet nochmals die Musik ein.
Die Gruppen kommen mit ihren Schwanenbildern in den Stehkreis, um sie dort zu zeigen. Gemeinsam kann nochmals ein Cluster gesprochen werden. Die Schwanenbilder werden im Klassenzimmer aufgehängt.

---

* Ein Cluster ist ein Klanggebilde, das durch Übereinanderstellen kleinerer Intervalle entsteht.

Vorlage vergrößern, ausschneiden
und anschließend auf farbiges Tonpapier
kleben (DIN A2).

schwimm über den See!	Schwan, weiß wie Schnee,
Schwimm, schwimm, Schwan,	Da kommt er bei uns an.
schwimm zu uns heran!	Schwimm, Schwan, schwimm!
Schwan, schwimm, schwimm!	Schwimm, schwimm, Schwan!

Gemüseball
Werner Halle

Gestern Abend auf dem Ball
tanzte Herr von Zwiebel
mit der Frau von Petersil.
Ach, das war nicht übel.

Die Prinzessin Sellerie
tanzte fein und schicklich
mit dem Prinzen Rosenkohl.
Ach, was war sie glücklich!

Der Baron von Kopfsalat
tanzte leicht und herzlich
mit der Frau von Sauerkraut;
doch die blickte schmerzlich.

Ritter Kürbis, groß und schwer,
trat oft auf die Zehen.
Doch die Gräfin Paprika
ließ ihn einfach stehen.

in: *Halle/Schüttler-Janikulla/Janosch (Hrsg.):* Bilder und Gedichte für Kinder. Westermann-Verlag. Braunschweig 1972.

Lernziele
Ganzheitliche Auseinandersetzung mit dem Inhalt des Gedichtes, Herstellen des Bezugs zum Jahreskreis (d. h. Herbst = Erntezeit, auch Erntedankfest), Kennenlernen von Gemüsesorten, sinnentnehmendes Lesen, Umsetzen des Gedichtes in Spielszenen.

Materialien
Tanzmusik, Kassettenrekorder, frisches Gemüse oder Nachbildung (Zwiebel, Petersilie, Sellerie, Rosenkohl, Kopfsalat, Sauerkraut, Kürbis, Paprika), Schürze, Hut bzw. Kopftuch, Korb, 16 Wortkarten (Vorlage siehe AB 10), Gedichtblatt.

Unterrichtsverlauf

Einstieg
Die Lehrerin preist als Marktfrau verkleidet Gemüse in ihrem Korb an. Mithilfe von zwei Kindern baut sie einen Marktstand auf und breitet ihr Gemüse darauf aus. Danach verteilt sie die Gemüse-Wortkarten (AB 10.1) an acht sitzende Kinder mit dem Auftrag sie den Gemüsesorten auf dem Tisch zuzuordnen.

Textbegegnung
Impuls: „Die Marktstände in der Erntezeit (bzw. der Erntealtar beim Erntedankfest) haben einem Dichter so gefallen, dass er sich ein Gedicht ausgedacht hat. Es ist ein lustiges Gedicht geworden." Die Kinder kommen in einen Sitzkreis und hören sich den Text an. Die in dem Gedicht vorkommenden Gemüsesorten werden daraufhin als Wortkarten (AB 10.1) in den Kreis geholt. Die Kinder beschreiben dann Aussehen, Geruch und die äußere Beschaffenheit dieser Gemüsesorten.

Auseinandersetzung mit dem Text
Jedes Kind erhält ein Gedichtblatt. Aufgabe: „Kreise die Gemüsesorten grün und die Adelstitel gold bzw. gelb ein". Die Kinder, die zuerst fertig sind, erhalten zur Differenzierung die Adelstitelwortkarten (AB 10.2) und ordnen sie dem jeweiligen Gemüse auf dem Marktstand zu. Ein kurzes Gespräch über die lustige Zusammenstellung von Gemüse und Adel kann folgen. Die nun sichtbaren Kombinationen werden auf die Tafel übertragen.

Darstellung
Anschließend versuchen die Kinder das Gedicht szenisch umzusetzen und klanggestaltend vorzutragen. Dabei trägt jedes von vier „Lesekindern" je eine Strophe des Gedichtes vor. Gleichzeitig bilden acht Kinder vier dem Gedicht entsprechende Gemüsepaare. Sie können ihr Gemüse in der Hand halten. Gemeinsam wird eine Tanzformation bzw. eine Polonäse überlegt. Die Klasse kann auch in zwei oder drei Gruppen à acht Kinder eingeteilt werden, sodass jedes Kind gleichzeitig Mitspieler und Zuschauer ist.

Abschluss
Zu einer Tanz- bzw. Ballmusik und zu dem Gedichtvortrag bewegen sich die Gemüsepaare.

Anmerkung: Als Hausaufgabe können die Wörter vom AB 10 gelesen, ausgeschnitten und in das Schülerheft geklebt werden. Die Kinder malen dann die entsprechenden Gemüsesorten dazu.

Sauerkraut	Paprika
Petersil	Kopfsalat
Kürbis	Zwiebel
Sellerie	Rosenkohl

Ritter	Prinzessin
Herr von	Gräfin
Baron	Frau von
Frau von	Prinz

Warum sich Raben streiten
Franz Wittkamp

Weißt du, warum sich Raben streiten?
Um Würmer und Körner und Kleinigkeiten,

um Schneckenhäuser und Blätter und Blumen
und Kuchenkrümel und Käsekrumen

und darum, wer Recht hat und Unrecht, und dann
auch darum, wer schöner singen kann.

Mitunter streiten sich Raben wie toll
darum, wer was tun und lassen soll,

und darum, wer Erster ist, Letzter und Zweiter
und Dritter und Vierter und so weiter.

Raben streiten um jeden Mist.
Und wenn der Streit mal zu Ende ist,

weißt du, was Raben dann sagen?
Komm, wir wollen uns wieder vertragen.

in: *Hans-Joachim Gelberg (Hrsg.):* Überall und neben Dir.
Beltz Verlag. Weinheim und Basel 1989.

Lernziele
Erweiterung und Differenzierung der optischen Wahrnehmung,
Anbahnen von Lesehaltung, hier unterhaltendes Lesen, sich in eine
Situation hineinversetzen lernen, Positionswechsel, wörtliche Rede,
sinnentsprechendes Gestalten, Entwicklung und Förderung der
Motivation zum selbständigen Schreiben, Umsetzen von Text in Bil-
der und Bildfolgen.

Materialien
Echtes oder improvisiertes Mikrofon, Tafelbilder, Sprechblasen aus
Papier, Gedichtblätter, AB 11, Klebeband.

Unterrichtsverlauf

Einstieg
Die Lehrerin geht als Interviewerin mit dem Mikro-
fon durch die Klasse. Sie fragt: „Weißt du, warum sich
Raben streiten?" Die Kinder äußern sich spontan.
Während des Interviews legt die Lehrerin jedem Kind
eine leere Sprechblase aus Papier auf den Tisch.

Hinführung zum Inhalt des Gedichtes
Nach dieser Umfrage wird die Tafel geöffnet und an
der Innenseite der Tafel wird das erste Bild (Bild 1 von
AB 11 vergrößern, mit Klebeband befestigen) gezeigt.
Tafelüberschrift: *Warum sich Raben streiten:*
Die Kinder schreiben ihre Antworten in die Sprech-
blasen und heften sie zu dem Bild an der Tafel.
Die Lehrerin präsentiert das zweite Bild (Bild 4 von
AB 11 vergrößern). Die Kinder diktieren der Lehre-
rin ihre Antworten in die bereits an der Tafel einge-
zeichneten Sprechblasen.

Textbegegnung
Alle Kinder kommen im Sitzkreis zusammen. Jeweils
2 – 3 Kinder erhalten ein Gedichtblatt. Gemeinsam
versuchen sie das Gedicht zu erlesen. Anschließend
tragen die Gruppen das Gedicht in kleinen Abschnit-
ten vor.
Bevor die Kinder an ihre Plätze zurückgehen, legen
sie die Gedichtblätter in die Kreismitte und erhalten
jeweils ein Arbeitsblatt (AB 11).

Stillarbeit / Auseinandersetzung mit dem Text
Die Lehrerin hält das Arbeitsblatt als stummen
Impuls hoch. Die Kinder erkennen das erste und letzte
Bild der Geschichte aus dem Gedicht. Sie folgern, dass
die Bildergeschichte und die Sprechblasen vervoll-
ständigt werden können.

Abschluss
Die selbst gemalten und beschrifteten Bildergeschichten werden ausgestellt und vorgelesen.

Anmerkung: Die einzelnen Bildergeschichten könn-
ten als Rabenbilderbuch gebunden und in der
Leseecke ausgelegt werden.
In einer Folgestunde kann das Gedicht umgeschrie-
ben und umgedichtet werden. Dazu präsentiert die
Lehrerin das Gedicht als Lückentext. Die Lücken ent-
stehen durch das Weglassen des Wortes „RABEN".
Gemeinsam wird das Wort RABEN durch KINDER,
VAMPIRE, BÄREN o. ä. ersetzt. Nicht passende
Stellen dichten die Kinder um.

Bild 1

Bild 2

Bild 3

Bild 4

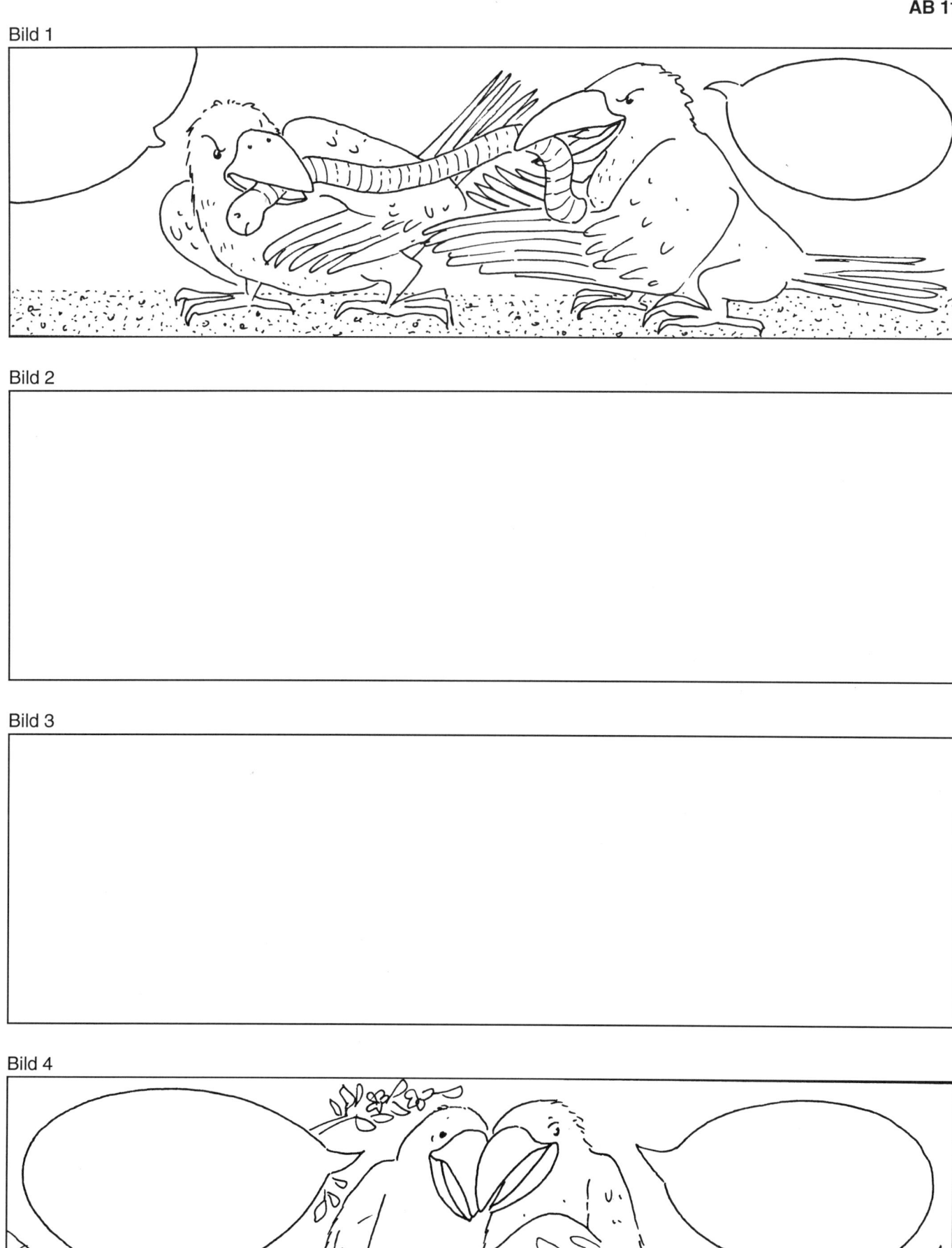

Nebel
Ernst Kreidolf

Ich stehe am Fenster und schaue hinaus.
Ei! Seht doch: Verschwunden ist Nachbars Haus.
Sagt: Wo ist die Straße, wo ist der Weg?
Wo sind die Zäune, wo ist der Steg?
Der Nebel bleibt hängen, hält alles versteckt,
hat Straßen und Häuser ganz zugedeckt.

in: *Ernst Kreidolf:* Schwätzchen. Bilder und Reime. Schaffstein ars edition ag München. Köln 1903.

Lernziele
Auswendigsprechen von Teilen des Gedichtes, Nachvollziehen des Inhalts durch anschaulichen Materialieneinsatz, Lesen üben, Sensibilisierung für die Stimmung des Gedichtes.

Materialien
Triangel, billige Malerfolie, Klebeband, beidseitig bedrucktes Arbeitsblatt (AB 12 a und b), aus Pappe ausgeschnitten: Haus, Fensterrahmen, Straße, Zaun.

Unterrichtsverlauf
Dieses Gedicht sollte nur an einem nebligen Morgen bearbeitet werden.

Einstieg
Die Kinder kommen in den Sitzkreis. Die Lehrerin legt nacheinander verschiedene Gegenstände in die Mitte. Im Kreis liegen ein Haus, ein angedeuteter Fensterrahmen, eine Straße, ein Zaun (alles aus Pappe ausgeschnitten), eine Bahn Malerfolie und eine Triangel.
Impuls: „Diese Sachen haben etwas mit dem Wetter heute zu tun." Die Kinder machen sich Gedanken, wie die ausgelegten Gegenstände mit dem Wetter in Verbindung gebracht werden können.

Hinführung zum Text
„Die Dinge aus unserer Kreismitte kommen in einem Gedicht über Nebel vor." Die Lehrerin deckt alles mit einem Tuch zu und trägt dann das Gedicht vor. Die Kinder überlegen anschließend, ob alle Gegenstände, die in dem Gedicht vorkamen, auch wirklich unter dem Tuch sind. Sie bemerken, dass zusätzlich noch Folie und eine Triangel im Kreis liegen.

Jedes Kind erhält noch im Sitzkreis das Gedicht (AB 12), sodass gemeinsam gelesen und verglichen werden kann.
Impuls: „Es war kein Versehen, dass ich die Folie und die Triangel dazugelegt habe." Die Kinder erkennen die Verbindung Nebel = Folie und Triangel = Stimmung (Atmosphäre). Nach diesem Gespräch gehen die Kinder mit ihren Gedichtblättern (AB 12) zurück an ihre Plätze.

Texterarbeitung
Die Kinder lesen Zeile für Zeile. Gemeinsam wird nun das Gedicht an der Tafel aufgebaut. Sobald ein Gegenstand, der im Kreis lag, erwähnt wird, befestigt ein Kind ihn mit Klebeband an der Tafel. So kann der Verlauf des Gedichtes mit der Unterstützung des Materials anschaulich an der Tafel nachvollzogen werden. Die Folie kann von zwei Kindern vor der Tafel leicht auf und ab bewegt werden (Nebelschwaden).
Bevor das Gedicht gelesen wird, schlägt ein anderes Kind die Triangel leise an.
Wichtig ist das gemeinsame Ausprobieren, wie sich das Gedicht am besten darstellen lässt und wie man der Stimmung des Gedichts gerecht werden kann.

Stillarbeit
Jedes Kind nimmt die Rückseite von AB 12, auf dem das Gedicht als Lückentext abgedruckt ist.
Die Kinder sollen nun die Lücken in dem Text ausfüllen, indem sie sich die Schreibweise der gesuchten Wörter auf der Vorderseite kurz anschauen und sie dann auswendig auf der Rückseite eintragen. Anschließend wird über eine der beiden Seiten ein Stückchen der Malerfolie geklebt, die sich jedes Kind von der großen Folie abschneiden darf.

Abschluss
Gemeinsam wird das Gedicht nochmals gesprochen. Bestimmt können Teile bereits auswendig wiedergegeben werden. (Das Tafelbild hilft dabei).
Anmerkung: Das Gedicht, die Pappgegenstände und die Folie können an einer Wand im Klassenzimmer angebracht werden.
In einer Folgestunde besteht die Möglichkeit, dass die Kinder eigene Nebelgedichte schreiben, die dann auch an der „Nebelwand" aufgehängt werden.

Nebel

Ich sitze am Fenster
und schaue hinaus.
Ei! Seht doch:
Verschwunden ist
Nachbars Haus.
Sagt: Wo ist die Straße,
wo ist der Weg?
Wo sind die Zäune,
wo ist der Steg?
Der Nebel bleibt hängen,
hält alles versteckt,
hat Straßen und Häuser
ganz zugedeckt.

Nebel

Ich sitze am ....
und schaue hinaus.
Ei! Seht doch:
Verschwunden ist
Nachbars .....
Sagt: Wo ist die ......,
wo ist der Weg?
Wo sind die .....,
wo ist der Steg?
Der ..... bleibt hängen,
hält alles versteckt,
hat Straßen und ......
ganz zugedeckt.

Oldenbourg Arbeitsblatt © R. Oldenbourg Verlag GmbH, München, Prögel Praxis: Unterrichtsmaterial 41, Gedichte im Anfangsunterricht

Novemberwetter

James Krüss

Klitsch, klitsch, klatsch,
der Hund fällt in den Matsch.
Die Gretel, die am Wege sitzt,
die heult, denn sie ist voll gespritzt.
Klitsch, klitsch, klatsch,
das ist Novembermatsch.

Plim, plim, plam,
wir waten durch den Schlamm.
Die Damen rufen: Ih und huh!
Die Herren tragen Gummischuh.
Plim, plim, plam,
das ist Novemberschlamm.

Klick, klick, kleck,
der Pudel tollt im Dreck.
Und als der Pudel kommt nach Haus,
da sieht er wie ein Igel aus.
Klick, klick, kleck,
das ist Novemberdreck.

in: *James Krüss:* Der wohltemperierte Leierkasten. Bertelsmann Verlag. Gütersloh 1961.

Lernziele

Erleben, dass eine alltägliche Situation und jahreszeitliche Wetterlage den Stoff für ein Gedicht liefern können, Erfahren, dass der Reim ein grundlegendes Element des Gedichtes ist, eigenproduktives und selbständiges Verfassen und Präsentieren von Gedichten.

Materialien

Regentropfen, Regenschirme und Gummistiefel als Schablonen (Vorlage siehe AB 13) oder zum Ausschneiden für die Kinder auf Tonpapier vorgezeichnet, verschiedenfarbiges Tonpapier, Wäscheleine, Wäscheklammern, AB 13, leere Blätter, Gedichtblatt, Wortkarten: NOVEMBERWETTER, JULIWETTER, APRILWETTER, DEZEMBERWETTER (Vorlage siehe AB 13), Gedicht vergrößert und auf Tonpapier geklebt.

Unterrichtsverlauf

Die vorbereitete Stunde wird an einem Regentag im November durchgeführt.

Einstieg

Die Kinder kommen in den Sitzkreis. Impuls: „Wenn ich mich so im Klassenzimmer umschaue, dann sieht es heute (an einem Regentag) ganz anders aus als sonst." Die Kinder äußern sich spontan und holen ihre Regenschirme, Gummistiefel und Regenjacken in den Kreis.

Hinführung zum Inhalt des Gedichtes

Stummer Impuls: Die Lehrerin legt die Wortkarten in die Kreismitte zwischen die Regenwettergegenstände. Die Kinder überlegen, welches der Wörter zu den Gegenständen und zum Wetter passt. Die Lehrerin nimmt die Wortkarte NOVEMBERWETTER und erklärt, dass dies die Überschrift zu einem Gedicht sei.

Auftrag: Die Kinder erhalten AB 13, auf dem sie dem Dichter helfen sollen gute Reime zu finden, indem sie Reimpaare bilden. Das Wort „Novemberwetter" wird eingekreist und nachgefahren. Die Kinder, die zuerst fertig sind, können den Rand des Arbeitsblattes ausgestalten. Ein kurzes Gespräch über den Zusammenhang zwischen der Überschrift und dem Inhalt des Gedichtes, der sich durch die Reimpaare andeutet, schließt sich an.

Textbegegnung

Das Gedicht wird nun gemeinsam gelesen.

Auseinandersetzung mit dem Text

Daran anschließend versuchen die Kinder, eigene kleine „Novembergedichte" zu verfassen. Die fertig gestellten Gedichte werden auf die ausgeschnittenen Regentropfen, Regenschirme etc. aus Tonpapier geschrieben oder geklebt. Die Lehrerin hilft und ermutigt zum freien Schreiben.

Abschluss

Das Gedicht NOVEMBERWETTER sowie die selbst verfassten Gedichte werden mit Wäscheklammern auf eine Wäscheleine gehängt und quer durch das Klassenzimmer gespannt. Zum Schluss können ein paar Gedichte laut vorgelesen werden.

Anmerkung: Die lautorientierte Schreibweise sollte respektiert werden um die Freude am Schreiben zu erhalten und um dem Entwicklungsstand der Kinder zu entsprechen.

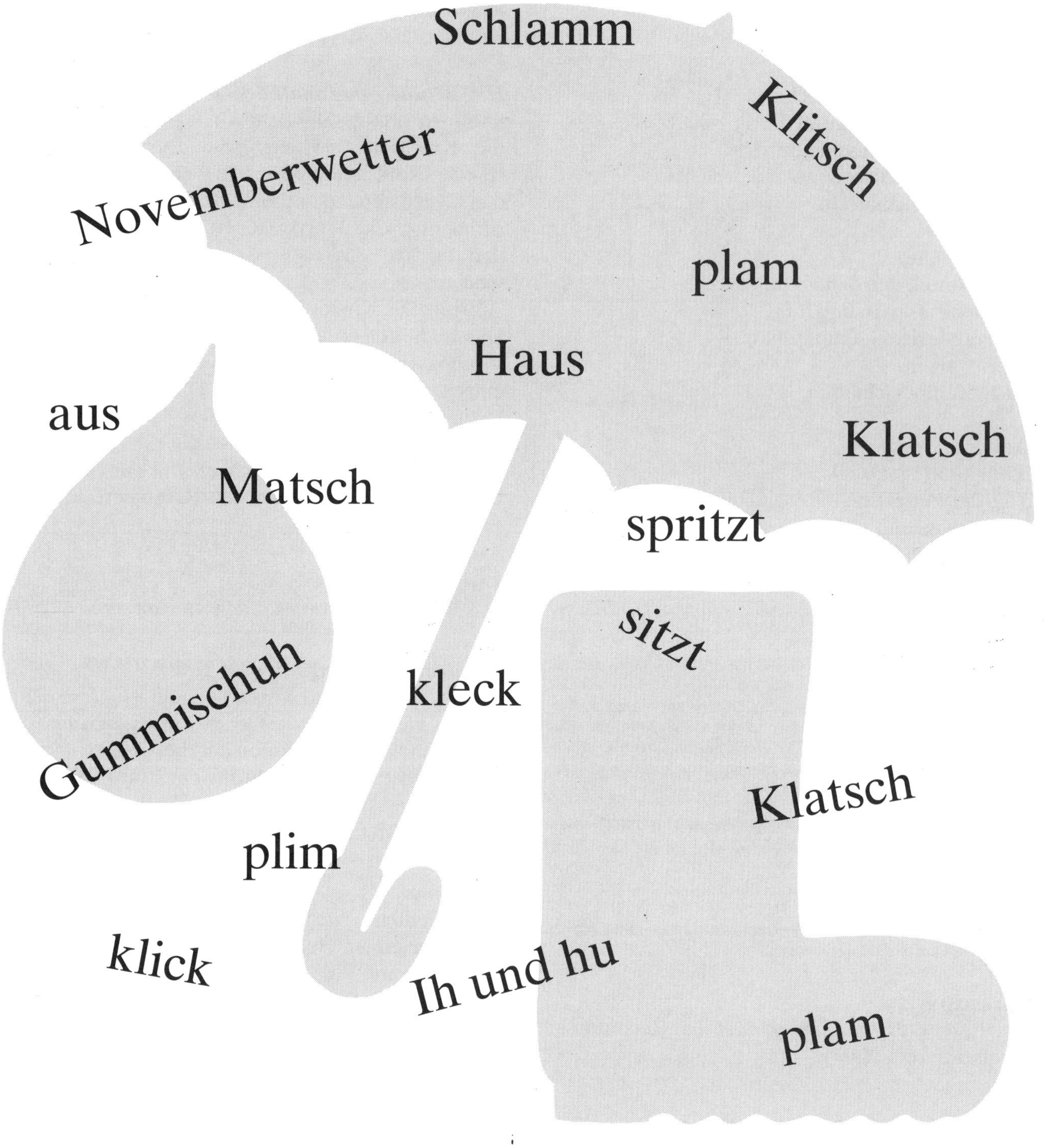

Schlamm

Klitsch

Novemberwetter

plam

Haus

aus

Klatsch

Matsch

spritzt

sitzt

Gummischuh

kleck

Klatsch

plim

klick

Ih und hu

plam

Juliwetter	 Dezemberwetter 
November- wetter	 Aprilwetter 

Zum Erstellen der Schablonen Regenschirm, Gummistiefel und Tropfen Vorlagen kopieren, ausschneiden und umdrehen, anschließend vergrößern.

Weihnachtsnüsse

Albert Sergel

Holler boller Rumpelsack,
Niklaus trägt ihn huckepack.
Weihnachtsnüsse, gelb und braun,
runzlig, punzlig anzuschaun.
Knackt die Schale, springt der Kern,
Weihnachtsnüsse ess' ich gern.
Komm bald wieder in dies Haus,
guter alter Nikolaus.

in: *Dorle Weitbrecht (Hrsg.):* Der Heiland ist geboren. Weihnachtslieder und Weihnachtsgedichte für Kinder. K. Thienemanns Verlag. Stuttgart – Wien – Bern 1960.

Lernziele
Rhythmisches Sprechen, Handelndes Nachvollziehen des Inhalts, Förderung der Feinmotorik, Auswendiglernen des Gedichts.

Materialien
Nikolausmütze, Sack, verschiedene Nüsse und pro Kind 2 Walnussschalenhälften, Nussknacker, Holzfarben, vorbereitete Kartonstreifen (ca. 20 cm lang, 4 – 5 cm breit), Klebstoff, Gedicht groß auf Packpapier geschrieben, AB 14, eine fertige Nussklapper (Herstellung s.: Phase zur Förderung der Feinmotorik).

Unterrichtsverlauf

Einstieg
Die Klasse bildet einen Sitzkreis. Die Lehrerin nimmt den Nikolaussack, der mit verschiedenen Nüssen gefüllt ist, und hängt ihn sich über die Schulter. Dann setzt sie sich die Nikolausmütze auf und geht im Kreis umher. Dabei spricht sie das ganze Gedicht so, dass auf jede Silbe ein Schritt erfolgt. Beim zweiten Sprechen fordert sie einzelne Kinder auf sich beim Gehen und Sprechen anzuschließen. Danach setzt sie sich im Sitzkreis auf den Boden, alle Kinder gesellen sich dazu. Nikolaussack und Mütze werden in die Kreismitte gelegt.

Texterarbeitung
Impuls: „Den Anfang des Gedichts haben wir schon nachgespielt…" (…trägt ihn huckepack…)
Die Kinder schütten den Sack aus.

Heraus kullern verschiedenste Nüsse und das Gedicht, das auf eine Packpapierrolle geschrieben ist. Das Gedicht wird von einem Kind, das bereits recht sicher lesen kann, nochmals vorgelesen.
Gemeinsam werden die Nüsse nun angeschaut, angefasst, verglichen, sortiert und benannt.
Wer eine Nuss essen möchte, darf dies tun.
Nachdem der Inhalt des Gedichts handelnd nachvollzogen wurde, wird zum Abschluss des Sitzkreises das Gedicht erneut gesprochen und dazu im Takt geklatscht.

Phase zur Förderung der Feinmotorik
Impuls: „So wie die Nüsse beim Nikolaus in seinem Sack klappern, so soll es auch bei uns klappern… ."
Die Lehrerin zeigt eine Nussklapper. Die Kinder gehen zurück an ihre Plätze. Die Nüsse und das Gedicht bleiben in der Kreismitte liegen.
Jedes Kind erhält einen Streifen aus stabilem Karton (ca. 20 cm lang, 3 – 4 cm breit) und zwei Walnussschalenhälften. Diese Hälften wurden von der Lehrerin zu Hause vorbereitet.
Die Kinder bemalen den Streifen mit Holzfarben, knicken ihn in der Mitte und kleben an die Enden je eine Nussschalenhälfte mit den Rändern nach unten auf. Während die Kinder basteln, hängt die Lehrerin das Gedichtplakat an die Tafel.
Differenzierung: Wer von den Kindern früh fertig ist, geht an die Tafel und versucht das Gedicht leise für sich zu lesen. Wer dann immer noch Zeit hat, darf Nüsse auf das Plakat malen.

Abschluss
Alle Kinder kommen mit ihren Klappern in den Stehkreis. Gemeinsam wird das Gedicht nochmals gesprochen und mit den Nussklappern rhythmisch begleitet.

Anmerkung: Da Anfang Dezember nicht davon ausgegangen werden kann, dass bereits alle Buchstaben behandelt worden sind und alle Erstklässler lesen können, beschränkt sich dieser Entwurf auf das rhythmische Sprechen, Basteln und Malen. Als Hausaufgabe kann ein Arbeitsmalblatt (AB 14) gegeben werden. Das Gedicht ist als Herausforderung und Anregung für die Kinder mitabgedruckt.

Weihnachtsnüsse

Holler boller Rumpelsack,
Niklaus trägt ihn huckepack.
Weihnachtsnüsse, gelb und braun,
runzlig, punzlig anzuschaun.
Knackt die Schale, springt der Kern,
Weihnachtsnüsse ess' ich gern.
Komm bald wieder in dies Haus,
guter alter Nikolaus.

In: *Dorle Weitbrecht* (Hrsg.): Der Heiland ist geboren. Weihnachtslieder und Weihnachtsgedichte für Kinder. © K. Thiene-manns Verlag. Stuttgart-Wien-Bern.

Wenn Weihnachten ist
Ursula Wölfel

Wenn Weihnachten ist,
was schenkst du mir dann?
Einen Weihnachtsbaum, einen Hampelmann,
ein wildes Pferd, das ich reiten kann,
und einen großen Wagen?

Wenn Weihnachten ist,
dann schenke ich dir
ein Weißnichtwas aus Goldpapier!
Du sollst nicht soviel fragen.

© Ursula Wölfel

Lernziele
Sensibilisierung für den ursprünglichen Weihnachtsgedanken, Erleben einer ruhigen Weihnachtsstimmung, mündliches und schriftliches Verbalisieren von eigenen Gedanken zum Thema Weihnachten, Ausgestaltung einer Karte.

Materialien
Xylophon, große Silberfolie (Rettungsfolie), Tannenzweig, dicke Kerze, 5 kleine Kerzen und Kerzenhalter, meditative Musik, Kassettenrekorder, Sterne, Engel, Kugeln, Flöte, ein Weihnachtspäckchen (leer), Weihnachtsgebäck, Wunschkarten (AB 15), rotes und gelbes Transparentpapier, eine Handpuppe (beliebiges Tier, bei uns war es die Maus Clemens).

Unterrichtsverlauf
Der Inhalt und die Form des Textes werden nicht in der herkömmlichen Art bearbeitet. Im Zentrum der Bearbeitung steht der Grundgedanke des Gedichtes, der sich als roter Faden durch die gesamte Unterrichtsstunde zieht.

Einstieg
Die Lehrerin nimmt die Handpuppe (Clemens) und geht mir ihr durchs Klassenzimmer, das so kurz vor Weihnachten entsprechend dekoriert ist.
Clemens sieht ein Xylophon und spielt ein Mäuse-Weihnachtslied an: „Morgen, Mäuse, wird's was geben…". Clemens und die Kinder singen das Lied. Anschließend erzählt er den Kindern, dass er dieses Jahr zum ersten Mal bei einer „Menschenweihnacht" dabei sein darf. Er sagt, dass er sich schon viele Gedanken darüber gemacht und sogar ein Gedicht dazu gefunden hat. Clemens trägt das Gedicht vor und überlegt dann, ob er jetzt wohl schon alles über die „Menschenweihnacht" weiß. Die Kinder reagieren spontan.

Meditationsphase
Die Lehrerin setzt Clemens etwas abseits, damit er gut zuhören kann, wenn die Kinder ihm von Weihnachten erzählen. Sie bittet die Kinder in den Sitzkreis, dessen Zentrum sie nun mit der Folie, dem Tannenzweig und einer dicken brennenden Kerze dekoriert. Etwas abseits stellt sie einen Korb, in dem Engel, Sterne, Gebäck, das Päckchen und andere weihnachtliche Dinge liegen.
Impuls: „Weihnachten ist schon so lange her, wir wollen uns zuerst nochmals darauf besinnen." Sie schaltet meditative Musik ein (ca. 1 Min.), die Kinder hören zu. Anschließend erzählen die Kinder, was für sie zu Weihnachten gehört. Erwähnt ein Kind eines der Dinge, die sich im Korb befinden, darf es aufstehen, im Korb nachsehen und dann den Gegenstand zu den anderen Dingen auf die Folie legen. Das Päckchen wird so lange zurückgehalten, bis der Korb leer ist. Die kleinen Kerzen werden noch nicht angezündet.

Gesprächsphase
Das Päckchen wird herumgegeben. Die Kinder stellen Vermutungen an, was darin sein könnte. Gemeinsam wird ausgepackt. Das Päckchen ist leer!
Ziel dieser für die Kinder nicht einfachen Phase ist, mit ihnen zu erarbeiten, dass es Wünsche gibt, die nicht käuflich sind. Dies wird durch das leere Päckchen symbolisiert.
Die Lehrerin kann hier durch ein Beispiel helfen.
Für jeden Wunsch, den die Kinder auf diese Art äußern, wird eine der kleinen Kerzen angezündet.

Stillarbeit
Impuls: „Damit ihr, wenn die Kerzen abgebrannt sind, die Wünsche nicht vergesst, dürft ihr euch Wunschkarten schreiben oder malen."
Die Lehrerin teilt noch im Sitzkreis Wunschkarten (AB 15) aus. Arbeitsauftrag: „Ich habe für jeden von euch bereits angefangen die Wunschkarten auszuschneiden. Suche den Anfang, schneide die Kerze und die Kerzenflamme aus. Klebe gelbes und rotes Transparentpapier hinter das Kerzenfenster. Schreibe dann deine Wünsche in die Karte." Die Kinder gehen mit ihren Materialien an ihre Plätze und beginnen zu schneiden, kleben, malen oder schreiben.
Da Erstklässler zu diesem Zeitpunkt noch Unsicherheiten beim Schreiben zeigen, ist es wichtig, die Kinder zum freien Schreiben zu ermutigen.

Abschluss
Alle Kinder kommen mit ihren Karten in den Sitzkreis. Clemens lässt sich einige Karten vorlesen und zeigen. Er freut sich, dass er jetzt so gut über Weihnachten Bescheid weiß. Gemeinsam wird nochmals das Mäuse-Weihnachtslied gesungen.

Anmerkung: Die Karten werden einige Tage im Klassenzimmer ausgestellt und dann mit nach Hause genommen. Der Schriftzug auf der Weihnachtsfaltkarte kann bunt nachgefahren werden. Bekannte Buchstaben können eingekreist werden. Die Kinder schreiben das Wort *Weihnachten* selbst dazu. Es können andere Wörter dazugeschrieben werden, die auch zur Weihnachtszeit passen. Die Karte kann insgesamt frei ausgestaltet werden. Die zu diesem Zeitpunkt sicher lautorientierte Schreibweise sollte in Bezug zur Schreibentwicklungsstufe des Kindes gesehen und selbstverständlich respektiert werden.

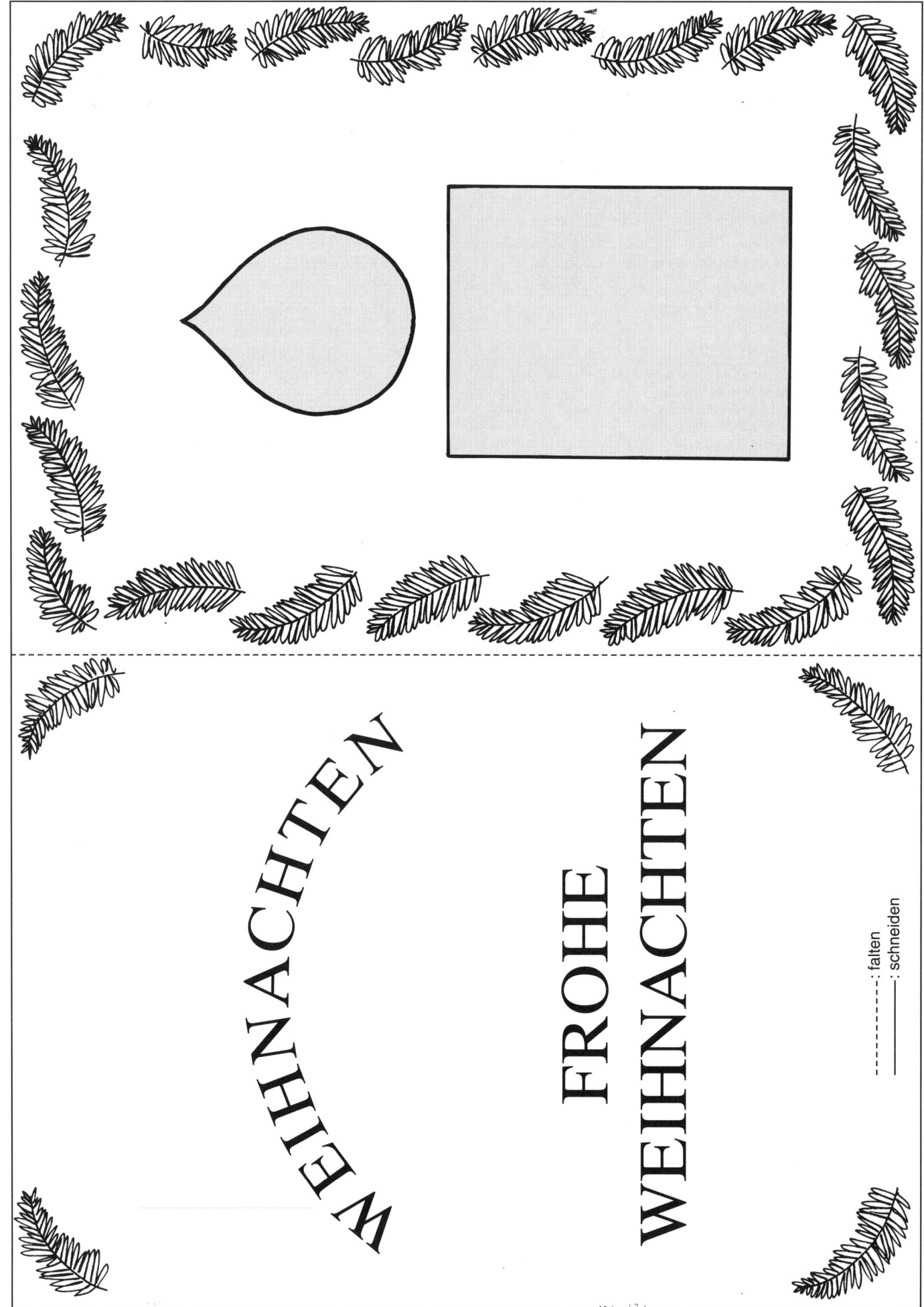

: falten
: schneiden

FROHE WEIHNACHTEN

WEIHNACHTEN

Das Gruselett
Christian Morgenstern

Der Flügelflagel gaustert
durchs Wiruwaruwolz.
Die rote Fingur plaustert
und grausig gutzt der Golz.

in: *Clemens Heselhaus (Hrsg.):* Jubiläumsausgabe in vier Bänden. Erster Band: Galgenlieder, Palmström und andere Grotesken. Piper Verlag. München/Zürich 1967.

Lernziele
Erlesen eines schwierigen Textes, Aufbau einer Lesemotivation, lautmalerisches Lesen, Ausgestaltung des Textes mit unkonventionellen Klangkörpern.

Materialien
Tageslichtprojektor, Folie, verschiedenfarbige, zeilenweise zerschnittene Gedichtblätter (pro Kind eine Zeile, AB 16), verschiedenste Materialien und Gegenstände, mit denen Geräusche erzeugt werden können, Kassettenrekorder, Kassette.

Unterrichtsverlauf

Einstieg
Die Lehrerin verdunkelt das Klassenzimmer und legt die einzelnen Wörter des Textes langsam hintereinander und ungeordnet auf den Tageslichtprojektor. (Gedicht auf eine Folie kopieren und dann zerschneiden.) Die Kinder erlesen für sich die Wörter und machen Vorschläge zur Zusammensetzung des Gedichtes. Die Lehrerin setzt die einzelnen Wörter kommentarlos zu dem Originalgedicht zusammen und wartet auf weitere Reaktionen der Kinder.
Mögliche Schüleräußerungen könnten sein: „Seltsam, gruselig, unheimlich… . Diese Wörter gibt es ja gar nicht … ."

Texterarbeitung
Ein Kind liest den Text vor. Gemeinsam wird das Gedicht nochmals gelesen und anschließend besprochen.
Impuls: „Mir wird es ganz unheimlich, wenn ich mir die rote „Fingur" vorstelle…"
Die Kinder erzählen über ihre Fantasien zu dem Text. Anschließend wird das Gedicht noch zweimal gelesen. Die Kinder versuchen so zu lesen, dass sich die Zuhörer die Situation besonders gut vorstellen können.

Intensive Auseinandersetzung mit dem Text in Gruppenarbeit
Impuls: „Das Gedicht kann sich noch gruseliger anhören… ."
Gemeinsam wird überlegt, mit welchen Geräuschen das Gedicht ausgestaltet werden kann. In Frage kommen alle Gegenstände und Materialien, die sich im Klassenzimmer befinden. Um die Fantasie anzuregen, soll auf den Einsatz von Musikinstrumenten verzichtet werden. Anhand von einem Beispiel wird die Aufgabe verdeutlicht. „Wie hört es sich wohl an, wenn jemand gutzt?" Die Kinder machen Vorschläge, die ausprobiert werden. Es soll jedoch keine Geräuschvariante favorisiert werden, da sich Morgensterns Wortwahl zur freien Interpretation anbietet.

Anschließend bekommt jedes Kind einen farbigen Papierstreifen (AB 16, auf Tonpapier kopiert), auf dem eine Zeile des Gedichts steht. Das Kind liest leise seine Zeile und sucht dann die dazugehörenden anderen Kinder (gleichfarbige Papierstreifen).
Wenn jedes Kind seine Gruppe gefunden hat, wird innerhalb der Gruppe das Gedicht mit Geräuschen unterlegt. Außerdem muss innerhalb der Gruppe besprochen werden, wer welche Geräusche macht und wie das Lesen gestaltet wird.

Präsentation
Die einzelnen Gruppen kommen nach vorne und stellen ihre Version vor. Da es bei der Bearbeitung des Gedichtes keine richtigen oder falschen Interpretationen gibt, wird keine Wertung vorgenommen.

Abschluss
Die Lehrerin oder ein Kind liest das Gedicht nochmals vor und jeder darf die Geräusche machen, die ihm am besten gefallen haben. Die letzte Version kann dann noch auf Kassette aufgenommen werden.

Ausweitung
Die Kinder können die Papierstreifen, die sie zur Gruppeneinteilung erhalten haben (AB 16), umdrehen und ihre Zeile aufbereiten, d. h. möglichst „gruselig" aufschreiben (Textinterpretation durch Schreibgestaltung).
Gemeinsam sollten hier einige Möglichkeiten besprochen werden. Dann wird das Gedicht in jeder Gruppe aus diesen Streifen zusammengelegt, auf ein großes Blatt geklebt und an einer Ausstellungswand im Klassenzimmer befestigt.
Jedes Kind schreibt das Gedicht auf ein Extrablatt und versucht es durch Schreiben auszugestalten. Anschließend werden diese Texte um das von der Lehrerin in Ausgangsschrift geschriebene Gedicht herum aufgeklebt und auf einer Ausstellungswand im Klassenzimmer oder Schulhaus ausgestellt.
Eine weitere Möglichkeit besteht darin, dass die Kinder Parallelgedichte schreiben. Diese können auch ausgestaltet und aufgehängt werden.

Beispiel für ein neues Gedicht:
**Das Mirumara maustert
durchs Schiruschagelmalz…**

Fächerübergreifend können die Kinder einen Fantasievogel oder ein anderes Tier gestalten.

Die rote Fingur plaustert

und grausig gutzt der Golz.

durchs Wiruwaruwolz.

Der Flügelflagel gaustert

Fünf Gespenster

Dorothée Kreusch-Jakob

Fünf Gespenster
hocken vor dem Fenster.
Das erste schreit: „Haaaaaa!"
Das zweite heult: „Hooooooooo!"
Das dritte brummt: „Huuuuuuuu!"
Das vierte lacht: „Hiiiiiiii!"
Das fünfte schwebt zu dir herein
und flüstert: „Woll'n wir Freunde sein?"

In: *Dorothée Kreusch-Jacob (Hrsg):* Da hüpft der Frosch den Berg hinauf. dtv. München 1990.

Lernziele

Rekonstruktion des Gedichtes aus dem Gedächtnis, Zuordnung von Ausrufen und Verben, lautmalerisches Lesen, Festigen des Inhalts durch szenisches Spiel, Förderung der Feinmotorik.

Materialien

Gespenstermarionette, Wortkarten für die Tafel mit den Ausrufen der Gespenster (AB 17.2), Malerfolie, Papiertaschentücher, Watte, Faden, Arbeitsblatt und Tafelbildvorlage AB 17.

Unterrichtsverlauf

Einstieg

Im Klassenzimmer wird die Tafel mit vier großen Stücken Malerfolie so dekoriert, dass sie noch geöffnet werden kann. Die Kinder sitzen an ihren Plätzen. Die Lehrerin nimmt eine Gespenstermarionette, geht durch das Klassenzimmer und streicht mit der Marionette über die Kinder hinweg. Die Marionette erzählt von ihren vier Freunden und davon, dass es schön wäre, wenn richtige Kinder ihr Gedicht anhören würden. Sie fragt, ob sie das Gedicht vortragen darf. Daraufhin schwebt das Gespenst weiter und die Lehrerin spricht das Gedicht stark betont. Nach dem Gedichtvortrag „setzt" sich das Gespenst auf die Fensterbank

Artikulationsübung

Die Lehrerin hält Wortkarten mit den Ausrufen der Gespenster bereit. Sie liest das Gedicht nochmals vor und spart die Ausrufe aus. Stattdessen hält sie an dieser Stelle jeweils eine Wortkarte hoch, die die Kinder gemeinsam erlesen. Nach dem Textvortrag werden die Karten immer einzeln und schnell hintereinander

hoch gehalten. Die Kinder lesen so, dass eine Art Gespensterchor entsteht. Jeder Ausruf kann mit einer Bewegung oder einer starken klanglichen Ausgestaltung unterlegt werden.

Texterarbeitung

Das Gedicht erscheint als Lückentext an der Tafel (Vorlage für das Tafelbild siehe AB 17.1). Es fehlen die Ordnungszahlen, die Ausrufe und die dazugehörenden Verben. Die Kinder lesen und vervollständigen das Gedicht, indem sie die Wortkarten mit den Ausrufen einfügen, die Ordnungszahlen als Ziffern einsetzen und die Verben eintragen. Bevor die Verben eingetragen werden, überlegen alle gemeinsam, wie diese Wörter wohl geschrieben werden. Gemeinsam wird das fertige Gedicht stark lautmalerisch gelesen.

Textvertiefung durch szenisches Spiel

Nun schaltet sich die Marionette wieder ein und sucht sich vier Freunde aus, die je ein Stück Malerfolie bekommen, die von der Tafel genommen wird. Die Kinder hängen sich die Folie um die Schultern und werden so zu kleinen Gespenstern. Die Lehrerin gibt die Marionette an ein Kind ab. Gemeinsam wird besprochen, wer von den übrigen Kindern welchen Text liest bzw. wer von den Kindern das jeweilige Gespenst mit seinem Ausruf unterstützt. Nach einem Spieldurchgang werden die Folie und die Marionette weitergegeben.

Förderung der Feinmotorik

Jedes Kind bastelt sich aus einem Papiertaschentuch, etwas Watte und einem Faden ein kleines Gespenst. Augen und Mund werden mit Filzstift aufgemalt.

Abschluss

Die Kinder kommen mit ihren Gespenstern in einen Stehkreis. Mit einem Gespensterchor wird die Stunde beschlossen.

Anmerkung: Das Arbeitsblatt (AB 17), auf dem die Arbeitsschritte der Tafelarbeit nochmals nachvollzogen werden, kann als Hausaufgabe gegeben werden.

Fünf Gespenster
hocken vor dem Fenster.

Das [ ] [ ] : „[ ]!"

Das [ ] [ ] : „[ ]!"

Das [ ] [ ] : „[ ]!"

Das [ ] [ ] : „[ ]!"

Das 5. [ ] schwebt zu dir herein
und flüstert „Woll'n wir Freunde sein?"

Hooooooo

Huuuuuuu

schreit

heult

Haaaa

brummt

lacht

Hiiiiiii

Oldenbourg Arbeitsblatt © R. Oldenbourg Verlag GmbH, München, Prögel Praxis: Unterrichtsmaterial 41, Gedichte im Anfangsunterricht

Der Faden
Josef Guggenmos

Es war einmal ein Faden,
der lag da wie ein Strich.

Der lag da und langweilte sich.
„Was tu ich? Ich ringle mich!"

Er ringelte sich zur Spirale.
Und dann mit einem Male

machte er sich draus
eine Schnecke mit ihrem Haus.

Gleich wurde was Neues gemacht:
Heidiwitzka, eine 8!

Bald darauf eine Dickedull,
eine kugelrunde Null.

Dann noch, mit viel Geschick,
ein Fisch, ein Meisterstück!

„Was kann ich jetzt noch sein?",
dachte der Fisch. Da fiel ihm was ein.

„Ich schlängle mich als Schlange –
wenn wer kommt, dann wird ihm bange!"

Dass wer kommt –
drauf wartet er schon lange.

in: *Josef Guggenmos:* Was denkt die Maus am Donnerstag.
Georg Bitter Verlag. Recklinghausen 1967.

Lernziele
Sinnentnehmendes, nachvollziehendes Lesen, Rekonstruktion des
Gedichtes, produktionsorientiertes Arbeiten, Förderung der Lese-
motivation, Verbesserung der Feinmotorik.

Materialien
Dose mit einem Faden, Körbchen, das für jedes Kind einen Faden
enthält, ein Sprungseil, jede Strophe des Gedichtes auf einem DIN-
A3-Blatt, für jedes Kind das gesamte Gedicht auf einem DIN-A3-
Blatt (AB 18), Tonpapierbögen DIN-A5 als Buchumschläge, Schere
und Klebstoff, Heftklammern.

Unterrichtsverlauf

Einstieg
Die Lehrerin gibt verdeckt eine Dose mit einem Faden
im Sitzkreis herum: „Wer traut sich hineinzufassen?"
Das Kind, das erfühlt, um welches „Ding" es sich handelt, steht schweigend auf, holt sich einen Faden aus
dem Körbchen (der Korb steht etwas abseits) und versteckt ihn in der Hosentasche.

Hinführung zum Inhalt des Gedichts
Die Lehrerin legt ein Sprungseil in die Kreismitte und
fragt, ob alle den „kleinen Bruder" (Faden) von dem
großen Seil erfühlt haben.
Die Kinder holen dann ihren Faden aus der Tasche.
Die Lehrerin erzählt, dass es dem Seil langweilig sei
und es dachte, es könne in der Schule etwas erleben.

Die Kinder (noch im Sitzkreis) überlegen, in was sich
das Seil verwandeln könnte (z. B.: Brezel, Herz). Ein
Kind legt mit dem Seil seine Idee auf den Boden, jedes
Kind vollzieht mit seinem eigenen Faden die „Ver-
wandlung" nach.

Textbegegnung / Erarbeitungsphase
Die Lehrerin erzählt von einem Dichter, dem einmal
eine Geschichte zu einem Faden eingefallen ist, und
liest dann das Gedicht vor. Währenddessen liegt das
Seil in der Kreismitte.
Die Kinder legen mit ihrem eigenen Faden die Verwandlungen des Fadens während des Vorlesens mit.
(Das Gedicht kann auch zuerst einmal vollständig vorgelesen werden, ohne dass die Kinder dabei agieren.)
Danach ruhen sich die Fäden etwas aus und ver-
schwinden in den Hosentaschen. Daran anschließend
werden die „Verwandlungen" von den Kindern
nochmals verbal zusammengetragen. Dann wird die
Tafel aufgeklappt. Auf der Innenseite der Tafel werden die einzelnen Textabschnitte des Gedichtes in
ungeordneter Reihenfolge sichtbar. Ein Kind nimmt
jeweils ein Blatt ab, liest den Text laut vor und stellt
sich mit diesem Blatt vor die Tafel.
Gemeinsam wird so das ganze Gedicht nochmals
rekonstruiert und in die richtige Reihenfolge
gebracht.
Die Blätter werden anschließend auf den Boden
gelegt.
Die Lehrerin erklärt, dass aus diesen Blättern ein
Buch gemacht werden kann.
Gemeinsam werden die Arbeitsschritte festgelegt.

Stillarbeit / Auseinandersetzung mit dem Text
Jedes Kind erhält im Kreis das AB 18 in DIN-A3-For-
mat. Es geht dann an seinen Platz und schneidet dort
die einzelnen Seiten aus, liest den Text, ordnet die Reihenfolge, klebt auf jede Seite ein Stück des Fadens in
der beschriebenen Form (der Faden aus der Hosentasche wird dazu zerschnitten), gestaltet seinen
Umschlag und heftet dann das Ganze zu einem
„Fadenbuch" zusammen.

Abschluss
Das Gedicht wird gemeinsam aus dem eigenen Buch
gelesen.

Ausweitung
Das große Beispielexemplar (Klassenbuch) kann
auch beklebt werden.
Der Umschlag kann extra gestaltet werden.
Zur letzten Strophe kann eine Zeichnung ins eigene
Buch gemalt werden.
Es kann ein zweites Buch zum Verschenken herge-
stellt werden.

Es war einmal ein Faden,
der lag da wie ein Strich.

Der lag da und langweilte sich.
„Was tu ich? Ich ringle mich!"

Er ringelte sich zur Spirale.
Und dann mit einem Male

machte er sich draus
eine Schnecke mit ihrem Haus.

Gleich wurde was Neues gemacht:
Heidiwitzka, eine 8!

Bald darauf eine Dickedull,
ein kugelrunde Null.

Dann noch, mit viel Geschick,
ein Fisch, ein Meisterstück!

„Was kann ich jetzt noch sein?",
dachte der Fisch.
Da fiel ihm was sein.

„Ich schlängle mich als Schlange –
wenn wer kommt,
dann wird ihm bange!"

Dass wer kommt –
drauf wartet er schon lange.